W0206000

„Wenn Du das Paradies ertragen kannst, komm nach Mallorca."

Die amerikanische Schriftstellerin Gertrude Stein zu ihrem britischen Kollegen Robert Graves

Fabian von Poser *lebt als freier Autor in München. Seine Reportagen erscheinen in vielen nationalen wie internationalen Tageszeitungen und Magazinen. Mallorca bereiste er schon mehr als 20-mal.*

Der Fotograf ***Frank Heuer*** *spezialisierte sich 1995 auf Reisefotografie und wird von der renommierten Bildagentur laif vertreten. An Mallorca begeistert ihn vor allem die enorme Vielseitigkeit der Insellandschaft.*

Liebe Leserinnen, liebe Leser!

Mallorca, da war fast jeder schon einmal – oder wenn nicht, dann will man unbedingt mal hin. Von Deutschland aus ist es das Sonnenziel schlechthin, mit 4,6 Mio. deutschen Gästen pro Jahr. Doch bietet Mallorca weit mehr als nur Sonne, Sand und Spaß. Dieser DuMont Bildatlas gibt Ihnen einen hervorragenden Eindruck davon, womit die Lieblingsinsel der Deutschen ihre Gäste fasziniert.

In Palma unter Palmen

Das beginnt gleich mit der Inselhauptstadt. Hier lässt es sich wunderbar unter Palmen am Hafen oder auf der Rambla flanieren. Man kann durch die verwinkelten Gassen der auf maurische Zeiten zurückgehenden Altstadt schlendern, einen Blick in stille Patios werfen und alte Stadtpaläste bewundern oder auch sich hemmungslos den unzähligen Einkaufsmöglichkeiten hingeben. Und wenn man genug davon hat? Dann laden schicke Tapas-Lokale oder traditionsreiche Kaffeehäuser zur wohlverdienten Pause. Und für den Abend gibt es natürlich jede Menge edle Restaurants und angesagte Party-Locations, die lohnendsten stellt Ihnen Fabian von Poser auf S. 22 vor.

Inselidyll mit vielen Facetten

Von den langen Nächten muss man sich erholen, und wo geht das besser als an den herrlichen Stränden der Insel. Seine Lieblings-Badebuchten präsentiert Fabian von Poser auf S. 90. Zumindest außerhalb der Saison muss man sie mit nicht allzu vielen Gästen teilen. Mallorcas „Erfolg" als Urlaubsdestination erklärt sich aber nicht nur durch tolle Bademöglichkeiten und eine attraktive Inselmetropole, es ist auch die geeignete Destination für Aktivurlauber jeder Couleur. Die Insel gilt als das Zweirad-Paradies schlechthin (eine ideale Tour für Einsteiger beschreiben wir auf S. 81), ist ein Eldorado für Golfer (mit tollen Plätzen s. S. 113) und bietet Wanderern unendliche Möglichkeiten, eine der schönsten Touren beschreiben wir auf S. 65. Mein persönliches Highlight beim letzten Mallorca-Besuch war der Ausflug auf das kleine vorgelagerte Inselchen Cabrera – nach einer kurzen Bootstour landet man in einer anderen Welt. Wenn Sie Lust haben, es auszuprobieren, folgen Sie unserem Aktivtipp auf S. 95.
Herzlich

Ihre
Birgit Borowski

Birgit Borowski
Programmleiterin DuMont Bildatlas

90 So wie hier in der Bucht von Alcúdia sehen Urlaubsträume aus. Wo sie wahr werden, verraten wir in der Rubrik „Unsere Favoriten".

Impressionen

Palma und die Südwestküste

Sóller und der Nordwesten

38 Darf es noch ein bisschen mehr sein? Bei der mallorquinischen Küche hat man die Qual der Wahl.

106 Sich regen bringt Reben: Weinbau hat auf der Insel im Mittelmeer eine lange – und gute – Tradition.

Im Nordosten

UNSERE FAVORITEN

BEST OF ...

60 Bis heute wird der exzentrische Erzherzog Ludwig Salvator als Mallorcas erster Naturschützer verehrt. Wer war der Mann, von dessen herrlichem Anwesen Son Marroig aus sich die ganze Schönheit der Nordwestküste offenbart?

Im Südosten

Im Inselinneren

Anhang

DuMont Aktiv

Genießen Erleben Erfahren

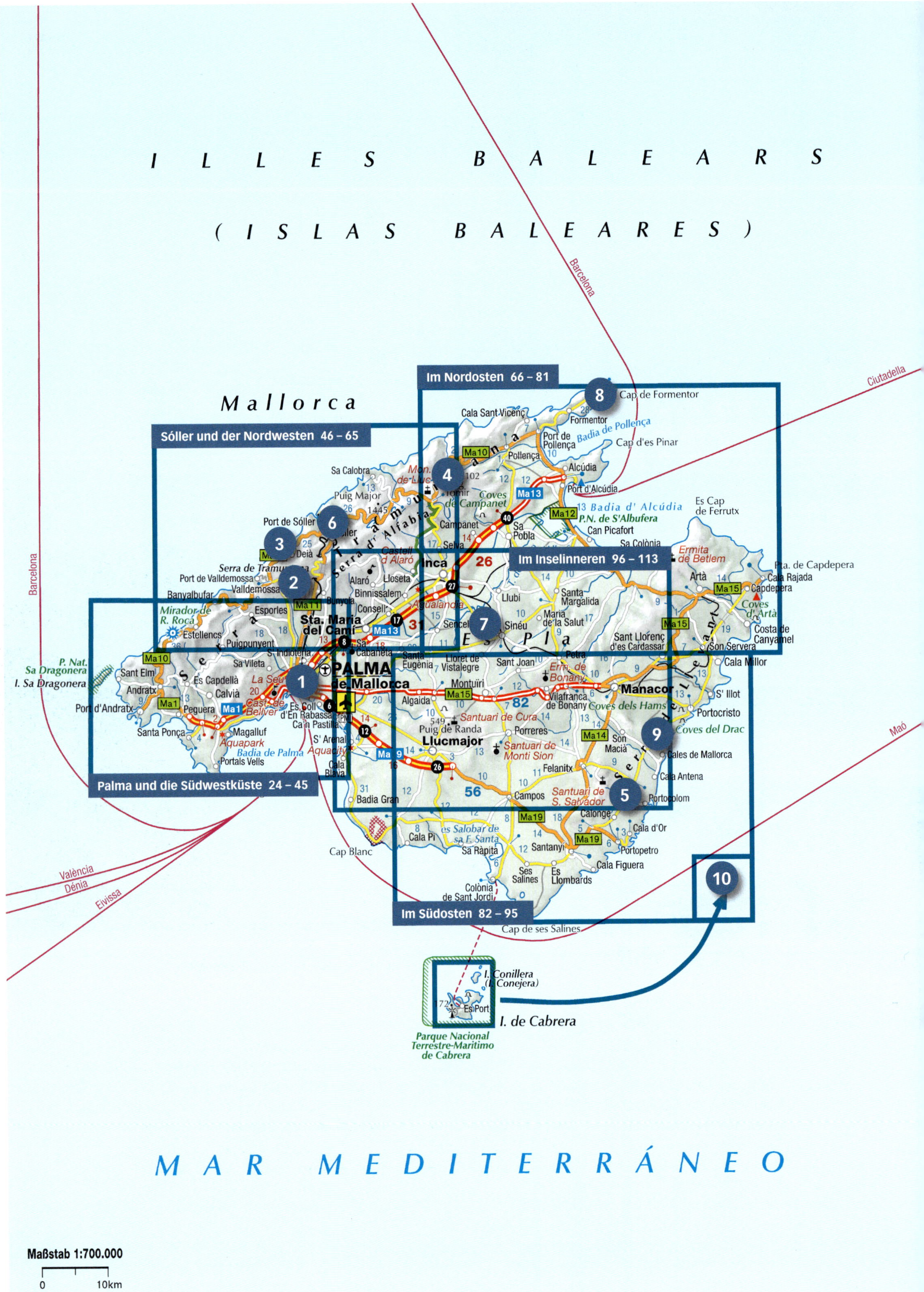

I L L E S B A L E A R S
(I S L A S B A L E A R E S)
Mallorca
Im Nordosten 66 – 81
Sóller und der Nordwesten 46 – 65
Im Inselinneren 96 – 113
Palma und die Südwestküste 24 – 45
Im Südosten 82 – 95
1
2
3
4
5
6
7
8
9
10
Cap de Formentor
Formentor
Cala Sant Vicenç
Port de Pollença
Badia de Pollença
Cap d'es Pinar
Pollença
Alcúdia
Port d'Alcúdia
Badia d' Alcúdia
P.N. de S'Albufera
Can Picafort
Sa Colònia
Es Cap de Ferrutx
Ermita de Betlem
Pta. de Capdepera
Cala Rajada
Capdepera
Artà
Coves d'Artà
Costa de Canyamel
Son Servera
Cala Millor
S' Illot
Portocristo
Coves del Drac
Cales de Mallorca
Cala Antena
Portocolom
Calonge
Cala d'Or
Portopetro
Cala Figuera
Santanyí
Es Llombards
Ses Salines
Colònia de Sant Jordi
Cap de ses Salines
Sa Ràpita
Cala Pi
Cap Blanc
Badia Gran
Campos
Santuari de S. Salvador
Felanitx
Son Macià
Manacor
Sant Llorenç d'es Cardassar
Petra
Vilafranca de Bonany
Coves dels Hams
Erm. de Bonany
Santa Margalida
Maria de la Salut
Llubí
Sineu
Sant Joan
Porreres
Santuari de Monti Sion
Llucmajor
Puig de Randa
Santuari de Cura
Algaida
Montuïri
Lloret de Vistalegre
Santa Eugènia
Inca
Selva
Campanet
Coves de Campanet
Sa Pobla
Mon. de Lluc
Sa Calobra
Puig Major
Port de Sóller
Deià
Serra de Tramuntana
Port de Valldemossa
Valldemossa
Banyalbufar
Mirador de R. Rocà
Estellencs
Esporles
Puigpunyent
S. Indioteria
Bunyola
Alaró
Lloseta
Binissalem
Consell
Aqualandia
Sta. Maria del Camí
Castell d' Alaró
Serra d' Alfabia
PALMA de Mallorca
La Seu
Cast. de Bellver
Es Coll d'En Rabassa
Ca'n Pastilla
S' Arenal
Aquacity
Cala Blava
Badia de Palma
Portals Vells
Magalluf
Aquapark
Santa Ponça
Peguera
Calvià
Es Capdellà
Sa Vileta
Port d'Andratx
Andratx
Sant Elm
P. Nat. Sa Dragonera
I. Sa Dragonera
Es Pla
I. Conillera (I. Conejera)
Es Port
I. de Cabrera
Parque Nacional Terrestre-Maritimo de Cabrera
Barcelona
Ciutadella
Maó
València
Dénia
Eivissa
Ma1
Ma10
Ma11
Ma12
Ma13
Ma14
Ma15
Ma19
M A R M E D I T E R R Á N E O
Maßstab 1:700.000
0
10km

Topziele

Die bedeutendsten Ziele Mallorcas auf den Gebieten Kultur, Natur und Erleben haben wir hier für Sie zusammengestellt. Auf den Infoseiten ist das jeweilige Highlight mit **TOPZIEL** *gekennzeichnet.*

KULTUR

1

ERLEBEN

10

8

2

NATUR

Vom Strand in die Berge

Wer seinen Urlaub ausschließlich in den Ferienorten an den Küsten verbringt, wird dort zwar mit Sicherheit viel Spaß haben, aber auch eine ganze Menge verpassen: die herrlichen Gebirgslandschaften der Serra de Tramuntana im Nordwesten der Insel beispielsweise, die mit gutem Grund von der UNESCO zum Erbe der Welt ernannt wurden. Dort findet man auch das hübsche Bergdorf Valldemossa, dessen Kartäuserkloster alle Dächer des Orts überragt.

Nikon

Königin der Barden?

Musik liegt in der Luft, wohl auch ein Hauch von „California Dreamin'". Dabei befinden wir uns hier keineswegs an einem kalifornischen Strand, an den die meist recht kühlen Wellen des Pazifiks plätschern, sondern an der S'Arenal de Sa Canova, einem langgezogenen Sandstrand am Südostrand der Bucht von Alcúdia im Nordosten Mallorcas, umspült von den fast das ganze Jahr über angenehm mild temperierten Fluten des Mittelmeers.

Magisches Mallorca

Das Leben, ein Traum? – Diesen Eindruck könnte man gewinnen, wenn man sich hier die Cala de Portals Vells im Südwesten der Insel ansieht. Diese heißt auch „Drei-Finger-Bucht" und ist als solche sehr real: mit den drei kleinen Stränden Sa Caleta, Platja del Mago und Platja del Rei.

Vom Winde verweht

Im landwirtschaftlich geprägten Zentrum der Insel scheinen die Uhren langsamer zu gehen. Gemächlich drehen sich die Windmühlenflügel – kein Don Quijote weit und breit. Viele dieser Windmühlen mahlten einst gar kein Getreide, sondern dienten als Pumpenantriebe für den Bewässerungsfeldbau. Ihre heutige Aufgabe ist vor allem die: gut auszusehen. Was so schön restaurierten Exemplaren wie hier bei Campos mühelos gelingt.

Sommer, Sonne, Strand

In der Nase duften die Pinien, unter den Füßen kitzelt der Sand, und zum Meer sind es nur ein paar Schritte: Strandleben an der Platja de Formentor, bei Pollença im Nordosten der Insel. Ein herrlicher Ort, um zu relaxen und sich ganz dem Hier und Jetzt hinzugeben.

MODA · CHESS · REGALS

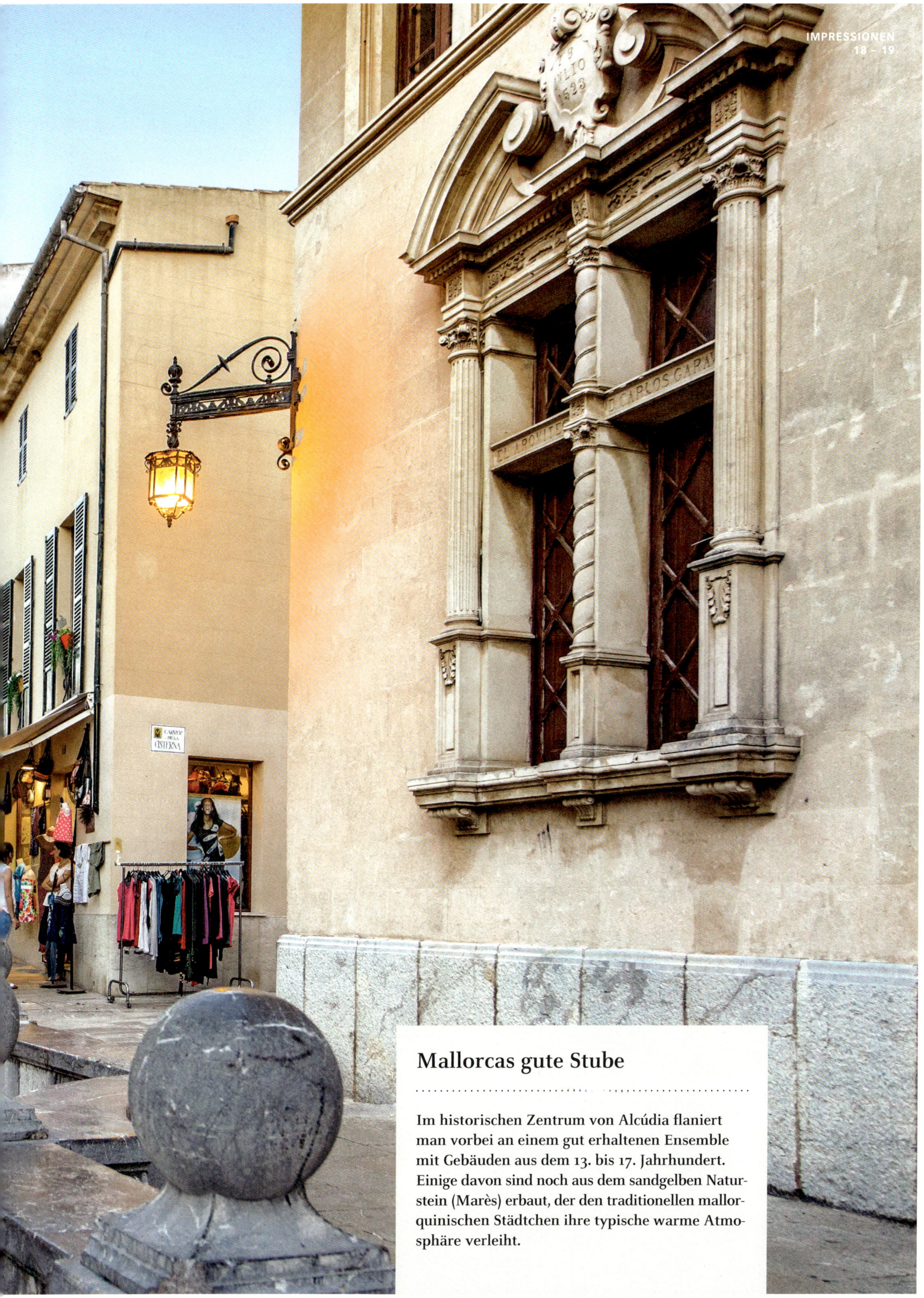

Mallorcas gute Stube

Im historischen Zentrum von Alcúdia flaniert man vorbei an einem gut erhaltenen Ensemble mit Gebäuden aus dem 13. bis 17. Jahrhundert. Einige davon sind noch aus dem sandgelben Naturstein (Marès) erbaut, der den traditionellen mallorquinischen Städtchen ihre typische warme Atmosphäre verleiht.

Die Piraten kommen

Ein Schuft, wer bei dieser Überschrift an die modernen Piraten von heute denkt, die man auch „Touristen" nennt und bei denen es sich ja immer um „die anderen" handelt, keineswegs um einen selbst. Zumindest haben wir es in beiden Fällen nicht mit Geistern zu tun, die es auf Mallorca aber auch zu geben scheint. Oder warum sonst sollte dieser Wach- und Wehrturm, den man bei einer schönen Wanderung auf dem alten Postweg zwischen Esporles und Banyalbufar in der Serra de Tramuntana entdecken kann, Talaia de ses Animes heißen: Geisterturm?

Die besten Party-Spots

Hier geht die Post ab!

Eimersaufen unter freiem Himmel und laute Musik sind seit einigen Jahren an der Platja de Palma verboten. Aber drinnen darf weiter gefeiert werden. Das gilt für Palma genauso wie für die Party-Hochburgen Magaluf und Palmanova. Hier stellen wir Ihnen die besten Party-Spots vor.

1 Ábaco

Einen stilvolleren Ort, um in Palma einen Cocktail zu trinken, gibt es kaum. Das in dem alten Stadtpalast Can Marcel untergebrachte Ábaco liegt unmittelbar in Palmas Ausgehviertel La Lonja. Alle Cocktails werden mit frischen Fruchtsäften gemixt, dazu perlt klassische Musik aus den Boxen. Die schicke Nachtbar öffnet in der Regel gegen 20.00 Uhr. Der Eintritt ist frei, dafür sind die Cocktails nicht billig.

Carrer Sant Joan 1, E-07012 Palma, www.bar-abaco.es

2 Tito's

Die Megadisco ist nicht nur eine der ältesten der Insel, sondern auch eine der bekanntesten. Berühmt ist das Tito's am Passeig Maritim in Palma vor allem für seine aufwendigen Motto-Partys und die toll gestylten Tänzer. Die Musik zieht eher jüngeres Publikum an. Gespielt wird überwiegend Elektronik- und House-Musik. Die Partys beginnen um Mitternacht. Der Eintritt kostet je nach Party und DJ zwischen 12 und 30 €.

Passeig Maritim/Avenida Gabriel Roca 31, E-07014 Palma, www.titosmallorca.com

3 Jazz Voyeur Club

Der Club im Lonja-Viertel befindet sich in einem Herrenhaus aus dem 16. Jahrhundert im Herzen der Altstadt von Palma und ist eine Institution in der Inselhauptstadt. In den Räumlichkeiten verschmelzen Musik, Fotografie und stilvolles Ambiente zu einer einzigartigen Melange.

Carrer des Apuntadors 5, 07012 Palma, www.jazzvoyeurclub.com

4 Bierkönig

Der Bierkönig in der Schinkenstraße in S'Arenal ist eine Institution. Hier finden die legendärsten Schlagerpartys Mallorcas statt. Zwischendurch gibt es immer wieder Live-Auftritte von Künstlern wie Matthias Reim, Peter Wackel, Ikke Hüftgold, Tim Toupet und RTL-Dschungelkönigin Melanie Müller. Die Party startet im Sommer um 22.00 Uhr und dauert bis in die Morgenstunden. Der Eintritt ist frei.

Calle Padre Bartolomé Salvá 6–8, E-07600 S'Arenal, www.bierkoenig.tv.

5 Oberbayern

Die legendäre Disko gibt es bereits seit mehr als 30 Jahren. So lange ist sie auch schon berühmt für ihre Schlagerpartys mit Live-Auftritten berühmter und weniger berühmter deutscher Künstler. Das Oberbayern liegt direkt an der Strandpromenade der Platja de Palma. Vom *Balneario seis* (Ballermann sechs) stolpert man fast hinein. Der Club öffnet um 20.30 Uhr, Mindestverzehr 6 €.

Carretera Arenal 48, E-07600 S'Arenal, https://de-de.facebook.com/OberbayernMallorca

6 Megapark

Die größte Disko an der Platja de Palma ist eine Mischung aus Biergarten und Freiluft-Diskothek. Die Partyfläche misst 5500 Quadratmeter und verfügt über verschiedene Großleinwände, eine Show-bühne und einen Swimmingpool. DJs, Go-go-Girls und Live-Acts sorgen ab dem Vormittag für Stimmung. In dem Gebäude befinden sich auch die Megarena, das Megainn und das Prinçe. Wenn um ein Uhr nachts draußen die Musik leise gedreht wird, feiern die Gäste drinnen weiter. Der Eintritt in den Megapark ist frei.

Carretera Arenal 51,
E-07600 S'Arenal,
www.megapark.tv

7 BCM Planet Dance

Die größte Diskothek Mallorcas fasst 4000 Menschen und wurde bereits mehrere Male unter die besten Clubs der Welt gewählt. Das BCM in Magaluf besteht aus drei Tanzbereichen: dem Hauptraum mit einer der besten Laser-Shows Europas, demMillennium, in dem zweimal wöchentlich die legendären Schaumpartys stattfinden, und der Freiluft-Terrasse. Regelmäßig legen hier weltbekannte DJs wie Steve Aoki und Avicii auf. Das BCM öffnet um 22.00 Uhr, Tickets kosten ab 35 €.

Avenida S'Olivera s/n,
E-07181 Magaluf, www.
bcmplanetdance.com

Mallorcas mondäne Metropole

Hervorragend einkaufen, exzellent essen, exzessiv feiern und traumhafte Strände genießen: Mallorcas Inselhauptstadt bietet für jeden Geschmack etwas. Deswegen sollte man sich für den Besuch von Palma – so der offizielle Name der Stadt seit Ende 2016 und nicht mehr „Palma de Mallorca" – wenigstens einen Tag Zeit nehmen. Und zu den traumhaft schönen Buchten an Mallorcas Südwestküste ist es von hier ebenfalls nicht weit.

„Kathedrale des Lichts": Palmas weithin sichtbares Wahrzeichen mit der alten Stadtmauer im Vordergrund erstrahlt hier im Blick von der Rooftop-Bar des Hotels Hostal Cuba.

In den engen Gassen der Altstadt – hier bei der Plaça Santa Eulalia – fühlt man sich in vergangene Zeiten zurückversetzt.

Auch beim Bummel durch den Kathedralbezirk *(Sa Portella)* lassen sich Entdeckungen machen wie hier der Bischofsgarten *(Jardi del Bispe)*, dessen Blütenpracht im Frühjahr einen betörenden Duft verströmt.

La Seu, Palmas Kathedrale, ist einer der schönsten gotischen Sakralbauten der Welt. Für faszinierende Lichtspiele sorgt die im Jahr 1370 eingebaute, „Auge der Gotik" genannte Fensterrose in der Apsis.

Wie eine steinerne Glucke wacht Palmas berühmtester Sakralbau über dem Parc de la Mar.

Vom Pauschalurlauber an der Platja de Palma über den Jachtbesitzer bis hin zur Königsfamilie findet in Palma jeder etwas, das ihn fasziniert.

So viel gäbe es über Mallorcas Kapitale zu sagen: dass sie das Schönste ist, was die Insel städtebaulich zu bieten hat, dass hier die besten Partys gefeiert werden, dass Palmas Hafen, an dem im Sommer die Hörner der Kreuzfahrtschiffe Träume von der großen weiten Welt wecken, einer der schicksten des Mittelmeers ist, dass rund um den Passeig des Born, an dem Louis Vuitton, Escada und Starfriseur Udo Walz Filialen haben, zu den besten Shopping-Spots weit und breit gehört – und dass selbst die Strände der Hauptstadt sich sehen lassen können. All das könnte man über Palma de Mallorca sagen, und noch viel mehr, denn kaum eine andere Stadt in Europa bietet so viel für ein so unterschiedliches Publikum. Vom Billigurlauber an der Platja de Palma über den Jachtbesitzer bis hin zur Königsfamilie findet in Palma jeder etwas, das ihn fasziniert: die sich mächtig über die Altstadt erhebende Kathedrale (katalanisch *La Seu*), den Almudaina-Palast und die mehr als 1000 Jahre alten arabischen Bäder, schmucke Stadtpaläste wie das Casal Sollèric, Museen wie das Es Baluard, die tollen Tapas-Bars und Restaurants in der Calle Apuntadors, die Discos und Clubs – und, ja, nicht zuletzt sind es auch die Bierschuppen an der Platja de Palma, die jedes Jahr zwischen drei und fünf Millionen Besucher allein in die Inselhauptstadt Palma locken.

Das Herz der Stadt …

… schlägt an der riesigen Plaça d'Espanya. Hier fließen die meisten Straßen zusammen, von hier fahren die Züge nach Sa Pobla und Manacor ab, hier liegt auch der Bahnhof des historischen Sóller-Zuges. Und der Mercat d'Olivar. Es ist jener Ort, den viele „Bauch Mallorcas“ nennen. In der wunderschönen Markthalle findet sich alles, was auf und um Mallorca seinen Ursprung hat. Zum Beispiel bei Menschen wie Juana Fuster Miró und ihrem Mann Emilio. Seit fünf Generationen betreibt Fusters Familie ihr Geschäft. Vor ihr türmen sich Garnelen, Muscheln, Hummer und Fische aller Art. Einst besaß die Familie fünf Schiffe. Als Fusters Vater starb, wurden sie verkauft. Doch das Geschäft läuft bis heute beinahe unverändert weiter. Nach der Wirtschaftskrise in Spanien befragt, antwortet Fuster: „Die Krise ist für uns nicht so schlimm, denn essen müssen die Leute ja jeden Tag. Günstiges und Teures verkauft sich immer.“

Kleine Fluchten

Doch es muss nicht immer teuer sein. Natürlich hat Palma exklusive Ecken wie die Cocktail-Bar Ábaco, Dutzende neuer

Rast vom Stadtbummel und eine verführerische Auswahl leckerer Köstlichkeiten bieten Tapas-Bars wie hier das Tast in der Carrer de la Unió.

Stadtpaläste in Palma

Special

Oasen der Ruhe inmitten der Stadt

Nach der Vertreibung der Araber von Mallorca im Jahr 1231 blühte Palma auf. So konnten Adelige und reiche Kaufleute ab dem 15./16. Jahrhundert überall in der Stadt wehrhafte Stadtpaläste errichten, um sich vor Piratenangriffen zu schützen.

Schwere Holztüren, wehrhafte Mauern und im Inneren verwunschene Gärten mit Blumenbeeten, kleinen Brunnen und überdachten Loggias: Viele alte Stadtpaläste wurden in Galerien, Geschäfte und Hotels umgewandelt; ihre schattigen Innenhöfe eignen sich bis heute hervorragend, um sich an den heißen Tagen abzukühlen. Einer der schönsten Stadtpaläste ist das Casal Solleric am Passeig del Born. Mit der städtischen Kunsthalle birgt er heute das kulturelle Zentrum der Stadt.

Besonders schöne Patios haben auch der unter Denkmalschutz stehende Stadtpalast Can Oms unweit der Plaça Cort und Can Catlar in der Carrer del Sol. Allerdings können beide nur von außen besichtigt werden. Mehr als einen flüchtigen Blick erhaschen kann man dagegen im Hotel Born, das in einem schönen Stadtpalast aus dem 16. Jahrhundert residiert.

Can Catlar in der Carrer del Sol.

Casal Solleric am Passeig del Born.

Casal Solleric, Passeig del Born 27,
https://casalsolleric.palma.cat
Can Oms, Carrer Almudaina 7
Can Catlar, Carrer del Sol 7
Hotel Born, Carrer de Sant Jaume 3,
Tel. +34 9 71 71 29 42,
www.hotelborn.com

Can Oms unweit der Plaça Cort.

Oben links: Der Arc de l'Almudaina, ein römisch-maurischer Torbogen, gewährte in der arabischen Epoche Einlass in den unmittelbar neben der Festung gelegenen inneren Stadtbezirk Almudaina.
Oben rechts: Graffiti in der Carrer de Sant Agusti im (nicht mit der gleichnamigen Shoppingmeile zu verwechselnden) Stadtviertel Sindicat.

Jugendstil: Morgenstimmung vor dem Forn des Teatre, Palmas ältester (1916) Bäckerei.

Gar nicht kühl, sondern mit einem strahlenden Lächeln kredenzt man in dieser Eisdiele an der Plaça de Cort, Palmas verkehrsberuhigtem Rathausplatz, zart schmelzende Süßigkeiten.

Sterne- und Boutique-Hotels sowie jede Menge hochpreisiger Restaurants, in denen Garnelen und Hummer serviert werden. Zugleich gibt es etwa im Ausgehviertel La Lonja in der Altstadt auch winzige Tapas-Bars, in denen man jeden Tag aufs Neue die verschiedensten Geschmacksvariationen probieren kann. Auch an kleineren Geschäften mit Designer-Mode mangelt es nicht. Kurzum: Die Stadt bietet dem Besucher Hunderte kleiner Fluchten und Überraschungen.

Mit dem Fahrrad an die Platja

Selbst die Vororte zeigen, dass Palma boomt wie kaum eine andere spanische Stadt. Zum Beispiel Portixol: Einst war die Gemeinde vor den Toren Palmas ein malerisches Fischerdorf, in dessen Hafen Fischerboote schwappten. Heute liegen hier vor allem Jachten, und Portixol entwickelt sich wie die noch etwas weiter östlich gelegenen Gemeinden El Molinar und Coll d'en Rabassa mehr und mehr zum schicken Ausgeh-Spot mit zahlreichen Cafés und Restaurants. Und in welcher europäischen Metropole gibt es das schon: Wer die gesamte Küste von Palma bis an die Platja de Palma unkompliziert entdecken will, der nimmt sich einfach ein Leihfahrrad und fährt die zehn Kilometer kurzerhand auf zwei Rädern – ein gut geteerter Radweg schlängelt sich heute entlang der Küste von Palmas Altstadt bis an die Platja de Palma.

Apropos Platja de Palma: Auch hier tut sich einiges. Der rund sechs Kilometer lange Strandabschnitt zwischen Can Pastilla und S'Arenal war einst das Aushängeschild Mallorcas – damals, als die Deutschen den Massentourismus nach Mallorca brachten. 1956 starteten die ersten Ferienflüge, wenige Jahre später war die Insel das Lieblingsziel der vom heimischen Wirtschaftswunder beflügelten Gäste. Noch immer ist die weitgeschwungene Sandbucht vor den Toren Palmas ein feinsandiger Traum. Doch was sich dahinter ereignet, erregt seit Jahren die Gemüter von Einwohnern und Stadtverwaltung. Denn mit dem Boom entstan-

Stadt der Musen und Museen: In die alte Festungsanlage von Sant Pere hineingebaut wurde Es Baluard, Palmas Museum für Kunst der Moderne und Gegenwart (oben). Stilsicheres Edelshopping ermöglicht das in einem herrlichen Stadtpalast untergebrachte Kaufhaus Rialto Living, zu dem auch eine Kunstgalerie (Mitte) gehört. Die Fundació Pilar i Joan Miró (unten) zeigt wichtige Werke aus dem Nachlass des Künstlers.

La Llotja, die ehemalige Handelsbörse von Palma, wird heute als Raum für wechselnde Kunstinstallationen wie hier *Glowing Core* (Glutkern) von Rebecca Horn genutzt.

Oben: Auf der von zwei Brunnen gesäumten Flaniermeile Paseo del Born spenden Platanen Schatten.

Links: Der Innenhof des bereits um das Jahr 1309 strategisch günstig auf einem Hügel oberhalb der Bucht von Palma errichteten Castell de Bellver wird von einer doppelten Bogengalerie eingefasst.

Laut klappern die Hufe der den (Touristen-)Kutschen vorgespannten Pferde über das holperige Kopfsteinpflaster in Palmas Altstadt.

Ursprünglich war das Castell de Bellver nicht nur als Festung, sondern auch als königliche Residenz gedacht. Später nutzte man es u. a. als Gefängnis.

Die Stadtverwaltung hat eine „Verordnung für bürgerliches Zusammenleben“ mit 113 Verhaltensregeln erlassen.

den Ende der 1980er-Jahre auch Grölbuden wie der Bierkönig, das Oberbayern und später der Megapark. Saufgelage, Prügeleien, Lärmbelästigung und Dutzende heruntergekommene Hotels waren seitdem vielen ein Dorn im Auge.

Seit einiger Zeit macht die Stadtverwaltung nun ernst. 2014 erließ sie die *Ordenanza cívica*, eine „Verordnung für bürgerliches Zusammenleben“ mit 113 Verhaltensregeln. An jedem Laternenpfahl klebt seitdem ein anderes Schild: nicht aus Eimern saufen, keine Glasflaschen mit an den Strand nehmen, kein Stadtbummel in Badehose oder Bikini, kein Sex in der Öffentlichkeit und keine laute Musik. Anderenfalls drohen Geldstrafen bis zu 1800 Euro. Mit solchen Benimmregeln am Ballermann will man keinem der hier zu Zehntausenden Feiernden den Spaß verderben. Aber wenn schon Party, dann mit Stil.

Vom Sündenpfuhl zur ehrwürdigen Urlaubsmeile

Im Jahr 2015 läutete man die Phase zwei der Maßnahmen zur Aufwertung der Platja de Palma ein. Nach jahrelangem Hin und Her verabschiedete die Stadtverwaltung einen Masterplan zur Modernisierung. 469 Millionen Euro, mehr als drei Viertel davon aus privater Hand, sollen binnen zehn Jahren dafür sorgen, dass aus dem in die Jahre gekommenen Sündenpfuhl eine ehrwürdige Urlaubsmeile wird. Der Plan sieht vor, den Anteil der Vier- und Fünf-Sterne-Hotels von 40 Prozent auf 60 Prozent zu erhöhen. Und weil die Modernisierung nicht mal eben aus der Portokasse bezahlt werden kann, dürfen Hoteliers ihre Gebäude nach oben hin aufstocken: Neuerdings können ihre Häuser bis zu sieben Stockwerke zählen. Neubauten werden nur noch genehmigt, wenn sie mindestens vier- oder fünf Sterne haben.

Das Dilemma: Die Stadt lebt vom Tourismus. Aber viele Einheimische haben die Nase gestrichen voll von vollen Gassen und überzogenen Mieten. Mallorca ist mit dem Massentourismus groß geworden. Er hat der Insel Wohlstand gebracht. Doch heute läuft der Besucherstrom aus dem Ruder. Kreuzfahrtpassagiere überfluten Palmas Altstadt, Rollkoffer rattern über das Kopfsteinpflaster, die Mietpreise steigen. Den Einheimischen entgleitet ihre Stadt. Der aktuelle Grund für den Tourismusboom auf der Insel ist die instabile Lage in Ägypten, Tunesien und der Türkei. Doch das ist nur eine Erklärung. Dazu kommt, dass sich heute quasi jeder mit Billigfliegern und Airbnb für ein paar Euro selbst seinen Urlaub zusammenbauen kann.

Jüngst hat die Balearen-Regierung aus Sozialisten und der linken Ökopartei Més die Reißleine gezogen. 2015 wurde die Ökosteuer wieder eingeführt. Seit 2016 wurden die erlösten 100 Millionen

Beliebte Szenetreffs sind das Babel (links im Bild), ein in einer Buchhandlung eingerichtetes Café, und das sich mit Antiquitäten schmückende Café Antigüedades, beide in der Carrer Arabi.

Im España, einer klassischen Tapas-Bar unweit der zentralen Plaça Major, serviert man leckere warme Pintxos, hervorragende Tortillas und exzellente Weine.

Auch im Ca La Seu – fast 500 Jahre lang ein Korbwarengeschäft an der Plaça de sa Quartera (einem winzigen Rechteck im Altstadtlabyrinth) – kann man sich heute mit Tapas & Co. eine kulinarische Grundlage für das (gern bis morgens um vier andauernde) Nachtleben verschaffen.

Beste Freundinnen in bester Feierlaune: Palmas – sich über drei Etagen erstreckende, mit einem gläsernen beleuchteten Aufzug erreichbare – Edeldisco Tito's am Passeig Marítim ist seit mehr als 80 Jahren einer der beliebtesten Dance-Clubs der Insel.

„Ich bin in Palma, unter Palmen …; in der Nacht hört man stundenlang Gitarre und Gesang … Mit einem Wort, ein wundervolles Leben."

Frédéric Chopin

Euro in Naturschutzprojekte gesteckt. Im August 2017 hat sie zudem ein neues Vermietungsgesetz erlassen. Schon seit 2012 ist die touristische Vermietung von Wohnungen in Mehrfamilienhäusern verboten, doch niemand störte sich daran. Nun ist die Stadt Palma dabei, Gegenden auszuweisen, in denen die Vermietung von Wohnungen in Mehrfamilienhäusern in Zukunft tabu sein wird. Quasi das gesamte Stadtgebiet soll zur ferienwohnungsfreien Zone werden.

Seit 2017 sind Online-Plattformen zudem verpflichtet, nur noch legale Angebote auf ihren Seiten zu veröffentlichen. Fehlt die Lizenz, kann die Plattform mit einer Geldbuße von bis zu 400 000 Euro bestraft werden. Illegalen Vermietern drohen Strafen bis zu 40 000 Euro. Außerdem soll die bereits 1999 eingeführte Bettenobergrenze strenger kontrolliert werden. Auch beim Kreuzfahrttourismus greift die Balearen-Regierung ein und versucht, die Hafenbehörde zu einer besseren Verteilung der Kreuzfahrtschiffe zu bewegen.

Fünf-Sterne-Luxus an der Platja

Wer dieser Tage von Can Pastilla nach S'Arenal schlendert, erkennt einige Straßenzüge kaum wieder. Unmittelbar an der Platja entstanden mehrere neue Boutique-Hotels. Auch die Großen haben aufgerüstet. Etwa das altehrwürdige Riu San Francisco, das sich eine Generalsanierung gönnte. Oder das Riu Bravo: 16 Millionen Euro wurden investiert, um das Hotel zu renovieren und um eine Etage aufzustocken. Nun hat es über 100 Zimmer mehr und rangiert in der Vier-Sterne-Kategorie.

Es geht aber sogar noch höher: Im Mai 2015 eröffnete mit dem Garonda das erste Fünf-Sterne-Haus an der Platja de Palma. Fünfeinhalb Millionen Euro war den Besitzern die Rundumerneuerung des ursprünglich 1964 eröffneten Hauses wert.

An der Copacabana von Palma

Nicht nur die Hotels an der Platja de Palma, auch Strandbars, Restaurants, Clubs und Geschäfte haben eifrig renoviert. Als erstes wurde die Strandbar am Balneario 4 zum stylischen „Surf Camp" umgebaut, der Strand davor mit Lounge-Möbeln aufgehübscht. Ihr folgte die Bar am Balneario 8. Sie verwandelte sich in den schicken Beach-Club „The Eight". Die anderen sollen folgen. Natürlich darf an der Platja de Palma weiter geguckt und beguckt werden. Natürlich wird

Von der Rooftop-Bar des Hotels Hostal Cuba in Palmas Szeneviertel Santa Catalina hat man einen herrlichen Blick über den ganzen Jachthafen.

Das Besondere an Mallorca „ist … der berauschende Reichtum auf kleinstem Raum: voller Überraschungen, Gegensätze und Widersprüche".

Miguel S. Oliver

man auch weiter erstaunt sein, wie knapp ein Bikini sein kann. Auch Namen wie Bierkönig, Oberbayern, Megapark, Grillmeister und Wurstkönig wird es weiter geben, und aus den Boxen werden weiter Lieder wie „König von Mallorca" von Jürgen Drews und „Wau wau, geile Sau" von Schlagersänger Mickie Krause dröhnen. Doch in Zukunft soll die Party gesitteter abgehen. Geht es nach den Stadtplanern, wird der Strandabschnitt zwischen Can Pastilla und S'Arenal zu einem sozialen Zentrum der Stadt, einer Art Copacabana Palmas.

Apropos gesittet: Auch die Gemeinden Magaluf und Palmanova, S'Arenals Pendants auf Palmas Westseite und traditionell Urlaubsorte der Engländer, haben inzwischen Benimmregeln eingeführt. Auch hier sind Alkoholexzesse auf offener Straße nun verboten.

Jenseits von Ballermann & Co.

Wer von den Grölbuden an der Platja de Palma, in Palmanova und Magaluf nichts hält, der findet das absolute Kontrastprogramm quasi gleich nebenan, denn von Palma ist es nicht weit zu den Buchten im Südwesten der Insel. Auch wer dem großstädtischen Trubel Palmas entfliehen will, braucht nur auf der Autobahn nach Andratx im Inselwesten zu fahren. Dort ist das Leben deutlich ruhiger als in Palma. Andratx selbst ist (außer mittwochs, wenn hier der inselweit bekannte Wochenmarkt stattfindet) eine ruhige Kleinstadt, der vier Kilometer entfernte Hafen Port d'Andratx ein mondänes Touristenzentrum mit kleinen Gassen und einem natürlichen Hafenbecken. Darum herum scharen sich zahlreiche kleine Hotels und Restaurants.

Wem selbst das gelassene Andratx noch zu umtriebig ist, der fährt noch weiter westlich bis nach Sant Elm. Von Port d'Andratx schlängelt sich ein acht Kilometer langes Sträßchen durch das hügelige Land in den Ausläufern der Serra de Tramuntana in das kleine Örtchen. Die Straße endet dort.

Inselidylle in Sant Elm

Sant Elm ist die meiste Zeit des Jahres über ein verschlafenes Nest. Wer in der Vor- oder Nachsaison kommt, der findet hier himmlische Ruhe. Und auch in der Hochsaison hält sich der Rummel in Grenzen. Halbmondförmig scharen sich die Restaurants auf der etwas erhöht liegenden Promenade um die Bucht. Eines der ältesten und besten ist das Vista Mar mit exzellenter Fischsuppe.

Am Ende der Welt?

Auch in der spanischen Geschichte spielte Sant Elm eine große Rolle: Hier soll König Jakob I., seines Zeichens König Kataloniens, im Jahr 1229 drei Tage lang geankert haben, bevor er Mallorca eroberte. Noch heute erinnern an verschiedenen Orten Wandkacheln an diese Begebenheit. Übrigens: Wem Sant Elm noch immer nicht einsam genug ist, der wandert entweder weiter auf einem sieben Kilometer langen Pfad bis zur Klosterruine Sa Trapa, oder er setzt mit dem Boot auf die Dracheninsel Sa Dragonera über. Dann ist er wirklich am Ende der Welt angelangt – mindestens aber an Mallorcas westlichstem Punkt.

Hausgemachte Eiscreme gibt's im Capri, an der Uferpromenade von Port d'Andratx.

Der Strand von Magaluf – Teil eines riesigen Ferienort-Konglomerats, zu dem noch Palmanova und Santa Ponça gehören – ist das bevorzugte Urlaubsziel sonnenhungriger Briten.

MALLORQUINISCHE KÜCHE

Der Geschmack der Insel

Mallorca ist ein Hort kulinarischer Genüsse. Beste Voraussetzung dafür: Viele der auf der Insel verwendeten Zutaten sind frisch – sei es, dass sie direkt aus dem Meer kommen oder von den fruchtbaren Feldern in der Inselmitte.

Das Tast zelebriert die hohe Kunst der Vorspeise-Häppchen mit Frischegebot. An der Bar bedient man sich selbst.

Die meisten Restaurants auf Mallorca bieten vor allem leichte, mediterrane Küche an. Aber vielerorts stehen auch typisch mallorquinische Gerichte auf den Speisekarten, darunter Paella, Spanferkel, Lammschulter, das Innereien-Geschnetzelte *frit mallorquí*, die deftigen *sopes mallorquines*, Eintöpfe mit Kohl und Schweinefleisch, und die würzigen Sobrassada-Würste.

Eine typisch mallorquinische Teigspezialität ist die *ensaïmada*, ein süßes, spiralförmiges Gebäck aus Schweineschmalz, Mehl, Hefe, Eiern und Zucker. Dazu trinkt man gern Mallorcas ausgezeichnete Weine und den überall unterschiedlich hergestellten *hierbas*, einen aus verschiedenen Kräutern destillierten Anislikör.

Im Pope in der Carrer d'Apuntadors in Palmas Ausgehviertel La Lonja serviert Besitzer Javier Olivas einen ausgezeichneten Tomatensalat mit Thunfisch, geschmorten Paprika und Pinienkernen. Gute mallorquinische Küche gibt es auch im Cueva direkt gegenüber dem Pope. Seit 1960 ist das Lokal, dessen Name übersetzt „Höhle" bedeutet, familiengeführt. „Bei uns kommen vor allem leichte, einheimische Zutaten auf den Tisch", sagt Besitzer Juan José Nieto. „Wir kochen mit mehr Gemüse als auf dem Festland. Vor allem aber mit Öl und nicht mit Fett."

Üppig gefüllte Vitrinen

So lecker das alles ist: Was Mallorcas Küche wirklich kann, zeigt sie vor allem in ihren Tapas-Lokalen. Appetitlicher kann man solche Köstlichkeiten nicht servieren: Auf Mallorca hat sich eine ganz eigene Tapas-Kultur entwickelt. Es gibt sie überall auf der Insel – berühmt für ihre Vorspeise-Häppchen sind aber vor allem die Tapas-Bars in der Hauptstadt.

Etwa das Tast: Ein Fenster, eine Tür – an dem Lokal in Palmas belebter Carrer de la Unió könnte man glatt vorbeilaufen. Doch das wäre zu schade, denn die Bar gehört zu den feinsten Tapas-Locations der Insel. Das Lokal ist fast immer gut besucht, ab 13.00 Uhr füllt sich der Saal mit Gästen, eine Stunde später sind alle Tische besetzt. Immer mehr Leute strömen in die Bar, sodass kaum noch Platz zum Stehen ist. Mühsam zwängt sich die Geschäftsführerin Ángeles López Catalina durch die Menge und jongliert

Oben: Auch die Tapas-Bar La Cueva in Palmas Carrer d'Apuntadors bietet eine exzellente Auswahl. Und dazu serviert man gern Sangrias.

Links: Was man aus einem ehemaligen Schlachthof so alles machen kann – vor allem Einheimische wissen das Angebot auf Palmas Mercado Gastronómico San Juan sehr zu schätzen.

Gemischte Tapas und (etwas aufwendiger zubereitete) Pinchos mit Garnele: Wer kann da widerstehen?

Traditionelle mallorquinische Gerichte sind in der Regel deftig und gut. Aber was Mallorcas Küche wirklich kann, das zeigt sie vor allem in ihren exquisiten Tapas-Lokalen.

Links von oben nach unten: Tast, Bar Día, La Cueva.

eine Portion *Setas al roquefort*, Pilze in Roquefort-Soße, auf einen Tisch.

Das Glück auf dem Baguette

Kaum irgendwo in Mallorcas Inselmetropole ist die Auswahl an Tapas so groß wie im Tast. So kommt hier beispielsweise das Glück in Form eines gerösteten Baguettes auf den Tisch. Jede der zwei Hälften ist nur wenig größer als eine Zwei-Euro-Münze. „Gänseleberpastete mit karamellisiertem Kürbis", sagt López. Ihre Augen leuchten, als sie an den Tisch tritt. Zu Recht, denn das, was sie da serviert, ist ein absoluter Gaumenschmaus: Die angenehm würzig-cremige Paté mischt sich mit dem süßen Geschmack des Kürbis zur extravaganten Melange.

Nur wenige Augenblicke später trägt sie weitere Köstlichkeiten heran: gebratenen Oktopus, gratinierten Kabeljau mit Knoblauchcreme, hausgemachten Frischkäse mit Iberico-Schinken und die berühmten *Pimientos de padrón*, Paprikaschoten in grobem Salz. Für jede Zwanzigste benötigt man ein Bier zum Löschen. Nicht alle sind scharf, aber eben auch nicht wenige.

Wo ein Wille ist, da ist auch ein Gaumen

Die Sache hat nur einen Haken: Beim Versuch, sie alle zu probieren, scheitert man unweigerlich.

„Ich kann nicht mehr", sage ich zu López, als sie mir eine weitere Spezialität des Hauses vor die Nase hält.

„Nehmen Sie sich Zeit und kommen Sie wieder", antwortet sie freundlich.

Ich will nicht unhöflich sein und denke: „Wo ein Wille ist, da ist auch ein Gaumen."

Was dann folgt, ist nur noch der reine Genuss ...

Fakten & Informationen

Buch-Tipp: Tilman Spengler, *Mallorca. Von schwarzen Schweinen und Madonnen. Oasen für die Sinne*, Insel Verlag

Die fünf besten Orte zum Tapas-Essen in Palma:
€€ Tast, Carrer de la Unió 2, www.tast.com
€€ Bar Día, Carrer d'Apuntadors 18, Tel. +34 9 71 71 62 64
€€ La Cueva, Carrer d'Apuntadors 5, www.restaurante-lacueva.com
€€ Mercado Gastronómico San Juan, Centro Comercial S'Escorxador, Carrer de l'Emperadriu Eugènia 6, www.mercadosanjuanpalma.es
€€€ Hotel Cort, Plaça de Cort 11, www.hotelcort.com

Weitere Restaurant-Empfehlungen finden Sie regional gegliedert auf den Infoseiten der jeweiligen Kapitel.

Anzeige
Túnel.
Mallorca im Glas.
Túnel de Mallorca ist der original Hierbas de Mallorca, in dem sich der mediterrane Charakter der Insel wiederfindet. Mit dem echten Anisstängel in jeder Flasche.
HERBES de MALLORCA
DENOMINACIÓ GEOGRÀFICA
Pur, auf Eis oder in erfrischenden Longdrinks. Ideal auch als Aperitif.
Auch im deutschen Supermarkt!
Mein Mallorca
Túnel DE MALLORCA
MEZCLADAS MEDIUM DRY
SINCE 1898
Túnel
DE MALLORCA
www.tunel.com
Massvoll-geniessen.de

Ribot
R. R. Méndez
Av. de Portugal
Av. Alemanya
Av. C. de Sallent
31 de Desembre
Eusebi Estada
Estació Intermodal
Estació Ferrocarril de Sóller
Parc d' Estació
Canòdrom
Juzgados
Pl. Espanya
Av. J. March
Av. A. Rosselló
Carrer Nuredduna
C. de Manacor
Industria
L'Argentina
Comte de Barcelona
Avinguda
CAMP D'EN SERRALTA
STA. CATALINA
ES JONQUET
PUIG DE SANT PERE
CASC ANTIC
SA PORTELLA
FONERS
Rambla d. Ducs de Pd. M.
Pl. Major
Pl. Weyler
Pl. d. L' Olivar
Pl. Porta de Sta. Catalina
Plaça Sa Faxina
Baluard de Sant Pere
Passeig de Avinguda
Gabriel Roca
Moll del Jonquet
Reial Club Nàutic
Moll de Sant Pere
Port de Pescador
Moll Nouvo
Llotja
Museu Naval
Palau de Almudaina
Catedral
Museu Diocesà
Parc de la Mar
Banys Àrabs
Plaça L. Villalonga
Autopista de Llevant
Av. Gabriel Alomar i Villalonga
Molls-Centre Ciutat
Museu d'Art Espanyol
Pl. Porta d. Campet
Pl. Pes de la Palla
Ajuntam.
Parlament
Maßstab 1:12.500
0
200m
1
2
3
4
5
6
7
8
10
12
13

PALMA DE MALLORCA
(CIUTAT DE MALLORCA)
Badia de Palma
SA DRAGONERA
Parc Natural de Dragonera
Cap Llebeitx
Andratx
Port d'Andratx
Sant Elm
S'Arracó
Estellencs
Puigpunyent
Galilea
Esporles
Calvià
Palmanova
Magaluf
Santa Ponça
Portals Nous
Illetes
Cala Major
Génova
Establiments
Son Sardina
Sa Cabana
Pont d'Inca
Rafal
El Molinar
Coll d'en Rabassa
Can Pastilla
Platja de Palma
Cap Andritxol
Cap de sa Mola
Punta Galinda
Cap Falcó
Cap de Cala Figuera
Cap Enderrocat
Ensenada de Santa Ponça
Serra de Na Burguesa
Maó (Menorca)
Barcelona, València, Dénia, Eivissa/Ibiza
Maßstab 1:200.000
0
2
4km
9
11
14
15
16
17

Bienvenidos!

Die Inselschöne lädt ein: Mit rund 400 000 Einwohnern ist Palma nicht nur die bevölkerungsreichste Stadt der Balearen, sondern auch deren Regierungssitz. Neben dem größten Hafen und dem größten Flughafen der Inseln findet man hier fast alles, was das Herz begehrt. Zu den schönen Badebuchten von Peguera, Port d'Andratx und Sant Elm an der Südwestküste ist es nur ein Katzensprung.

1 – 13 Palma

Die Hauptstadt der Balearen wurde im Jahr 123 v. Chr. von Quintus Caecilius Metellus gegründet. Ihre Überreste gehen also zurück bis in die römische Zeit. Nach dem Untergang des Weströmischen Reiches eroberten die Araber im Jahr 903 die Insel. Auch sie hinterließen unübersehbare Spuren auf Mallorca.

SEHENSWERT

Schon von Weitem sichtbares Wahrzeichen der Metropole ist die 1 **Kathedrale** TOPZIEL (katalanisch: *La Seu*). Mit dem Bau des fast 110 m langen, 33 m breiten und 43 m hohen Gotteshauses wurde wohl schon unter König Jaume II. (1243–1311) begonnen. Bezaubernd ist der Lichteinfall durch die Glasfenster am Vormittag, ein echtes Prunkstück der Kronleuchter von Antoni Gaudí über dem Hauptaltar (Plaça Palau Reial s/n, Juni–Sept. tgl. 10.00–18.15, April, Mai und Okt. 10.00–17.15 und Nov.–März. 10.00 bis 15.15 Uhr, www.catedraldemallorca.org). Unmittelbar neben der Kathedrale liegt der 2 **Palau de l'Almudaina**: Teile des Königspalastes können besichtigt werden (Carrer Palau Reial s/n, Tel. +34 9 71 21 41 34, www.patrimo nionacional.es, April–Sept. tgl. 10.00–20.00, Okt.–März. 10.00–18.00 Uhr). Vor dem Palast liegt der kleine **Hort del Rei**: Der Königsgarten, der seine Ursprünge in maurischer Zeit hat, verzaubert mit exotischen Zierbäumen und plätschernden Wasserspielen. Palmas edelste Einkaufsmeile ist der 3 **Passeig des Born**. Auf ihr haben nahezu alle bekannten Modemarken Filialen. Macht man vom Passeig des Born einen kleinen Schlenker, gelangt man auf die 4 **Rambla**. Sie ist für ihre vielen Blumenstände bekannt und wird deswegen auch *rambla de las flores* genannt. Von hier gelangt man schnell zur im 19. Jh. angelegten, den höchsten Punkt der Stadt markierenden 5 **Plaça Major**. Nur ein paar Gassen weiter findet man mit dem 6 **Mercat de l'Olivar** Palmas schönsten Markt. Unweit davon liegt die 7 **Plaça d'Espanya**, Palmas Hauptverkehrsknotenpunkt. Von hier fahren nicht nur alle Busse und Bahnen der Insel ab, sondern auch der historische Zug nach Sóller. Wer zu Fuß zurück in die Altstadt will, sollte auf keinen Fall einen Besuch in den arabischen Bädern, den 8 **Banys Arabs** aus dem 10. Jh., verpassen. Sie sind eines der wenigen arabischen Relikte, die die Rückeroberung Mallorcas durch die Konquistadoren unversehrt überstanden. Der schönste Raum ist das überkuppelte Caldarium. Hier genoss die arabische Oberschicht vor mehr als 1000 Jahren heiße Dampfbäder. Etwas außerhalb des Zentrums liegt das imposante 9 **Castell de**

Palmas Stadtstrand Platja de Can Pere Antoni mit Blick auf die Kathedrale (oben; rechts oben Altartafeln im Eingangsbereich des Sakralbaus; darunter einer seiner Seitenschiffaltäre).

Tipp

Palma by Bus

Wie fast jede europäische Metropole hat auch Palma seine roten Doppeldeckerbusse für Stadtrundfahrten. Es gibt zwei Routen: Die kurze führt zu den wichtigsten Sehenswürdigkeiten wie der Kathedrale, dem Palau de S'Almudaina, den arabischen Bädern, dem Museu de Mallorca, der Plaça d'Espanya und dem Hafen. Die längere fährt zusätzlich hinauf zum etwas außerhalb der Altstadt gelegenen Castell de Bellver. Im Sommer fahren die Busse alle 15 Min., im Winter alle 25 Min.

INFORMATION
www.city-sightseeing.com

Oben links: Fischstand auf dem Mercat de l'Olivar. Darunter: Weinstube La Sifoneria im Kathedralenviertel. Oben rechts: In Puerto Portals, dem etwa auf halber Strecke zwischen Illetes und Palmanova gelegenen teuersten Jachthafen der Insel, trifft sich auch die spanische Königsfamilie bei ihren Sommeraufenthalten.

Bellver (Carrer Camilo José Cela s/n, https://castelldebellver.palma.cat, Apr.–Sept. 10.00 bis 19.00, Okt.–März 10.00–18.00, So. + Feiertage 10.00–15.00 Uhr, Mo. geschl.). Als Vorbild des von Jaume II. um das Jahr 1300 in Auftrag gegebenen kreisrunden Baus dienten möglicherweise die Kreuzritterburgen im Irak und in Syrien. Der Blick vom Kastell ist fantastisch.

MUSEEN

Das 10 **Museu Es Baluard** ist Mallorcas wichtigste Sammlung für moderne und zeitgenössische Kunst (Plaça Porta de Santa Catalina 10, www.esbaluard.org, Di.–Sa. 10.00–20.00, So. nur bis 15.00 Uhr). Unbedingt einen Besuch wert ist auch die 11 **Fundació Pilar i Joan Miró** in Palmas Vorort Cala Major. In deren Räumen sind Werke des bis zu seinem Tod (1983) hier lebenden Künstlers ausgestellt, auch sein Atelierhaus kann besichtigt werden (Calle de Saridakis 29, http://miromallorca.com, im Sommer Di.–Sa. 10.00–19.00, im Winter nur bis 18.00, So. ganzj. bis 15.00 Uhr).

EINKAUFEN

Für Modebewusste ist der 3 **Passeig des Born** das erste Ziel. In den Straßen rund um die edle Einkaufsmeile findet man auch wichtige Kunstgalerien wie die **Galería Ferran Cano** (Carrer Forn de la Gloria 12, www.galeriaferrancano.com) und die **Galería Jule Kewenig** (Calle Sant Feliu s/n, www.kewenig.com). In der Avenida Jaume III. bietet 12 **El Corte Inglés**, Spaniens Kaufhauskette Nummer eins, qualitativ hochwertige Mode. Einen Besuch lohnt auch das Kaufhaus 13 **Rialto Living** (Calle Sant Feliu 3, http://rialtoliving.com).

RESTAURANTS

Das € **13 %** (Sant Feliu 13a, E-07012 Palma, Tel. +34 9 71 42 51 87, www.13porciento.com) im Herzen von Palmas Altstadt macht für wenig Geld viel Freude. Exzellente kleinere und größere Gerichte wie marokkanisches Couscous mit Ökohuhn und Minz-Joghurt und afrikanischer Salat mit Süßkartoffeln, Ananas und Avocado an Erdnuss-Dressing erfreuen Gaumen und Geldbeutel.

Die €€ **Bar Día** (Carrer d'Apuntadors 18, E-07012 Palma, Tel. +34 9 71 71 62 64) ist ein Erlebnis: Hier lärmt es, und es wird gedrängelt. Ab Mittag ist die Bar oft brechend voll. Die Küche ist einfach, aber ehrlich. Allzeit-Favoriten auf der Speisekarte sind Datteln im Speckmantel und Calamari in Tomaten-Knoblauch-Soße. Dass der Chef de Cuisine Gerhard Bertold bei den ganz Großen gelernt hat, merkt man der Küche des €€ **Basic** (Carrer Pere d'Alcàntara Penya s/n, E-07006 Palma, Tel. +34 9 71 46 55 14, www.basic-br.com) an. Gerichte wie Thunfisch-Carpaccio mit Fenchel und Wassermelone mit Ziegenkäsecreme und Avocado sind – zu einem völlig angemessenen Preis – perfekt zubereitet.

HOTELS

Das zauberhafte €€€ **Tres** (Carrer d'Apuntadors 3, E-07012 Palma, Tel. +34 9 71 71 73 33, www.hoteltres.com) residiert in den Überresten eines Stadtpalasts aus dem 16. Jh. Herrlicher Blick von der Dachterrasse.

Stilvoller als im €€€€ **Hotel Cort** (Plaça de Cort 11, E-07001 Palma, Tel. +34 9 71 21 33 00, www.hotelcort.com) kann man in Palma kaum unterkommen. Der ideale Ort für einen City-Trip – alle Sehenswürdigkeiten sind von hier aus gut zu Fuß zu erreichen.

Das von einem großzügigen Park mit Pinien umgebene € € **Hotel Bonsol** (Paseo de Illetas 30, E-07181 Illetas, Tel. +34 9 71 40 21 11, www.hotelbonsol.es) liegt etwa 8 km vom Zentrum entfernt. Schöner Blick über die Bucht von Palma.

INFORMATION

OIT Palma de Mallorca, Plaça de la Reina 2, E-07012 Palma, Tel. +34 9 71 17 19 90, www.palma-virtual.cat

14 Platja de Palma

Die **Platja de Palma** östlich von Palma zwischen Can Pastilla und S'Arenal misst fast sechs Kilometer und bietet sämtliche Annehmlichkeiten nicht mehr nur für Billigtouristen.

INFORMATION

OIT Platja de Palma,
Plaça de Meravelles s/n, E-07610 Platja de Palma, Tel. +34 9 71 10 23 65

15 Palmanova, Magaluf

In den britischen Mittelmeerkolonien Palmanova und Magaluf reihen sich in den Hauptstraßen Hotels, Restaurants, Souvenirläden, Bars und Nachtclubs aneinander. Aber der Strand ist schön feinsandig, die Uferpromenade in beiden Orten autofrei.

AKTIVITÄTEN

In Magaluf befindet sich eine der größten Diskotheken Spaniens, das **BCM Planet Dance** (s. S. 23; Avenida S'Olivera s/n, E-07181 Magaluf, www.bcmplanetdance.com).

INFORMATION

OIT Magaluf, Avenida Pere Vaquer Ramis 1, E-07182 Magaluf (Calvià), Tel. +34 9 71 13 11 26, www.visitcalvia.com

16 Andratx, Port d'Andratx

Andratx und sein 4 km entfernter Hafen haben zusammen etwa 11 000 Einwohner. Während sich die meiste Zeit der Woche kaum Touristen

Tipp

Auf einen Kaffee in die Bar Bosch

Er gehört zu Palma wie die Kathedrale: der Besuch in der Bar Bosch am zentralen Passeig des Born. Kellner servieren hier leckere *llonguets* – typische belegte Brötchen – Café, Bier und Wein. Nirgendwo sonst lässt sich das Treiben auf Palmas Passeig des Born besser beobachten als hier.

INFORMATION

Bar Bosch, Plaça Rei Joan Carles I. 6, 07012 Palma de Mallorca,
Tel. +34 9 71 72 11 31, www.barbosch.es, geöffnet tgl. 7.00–1.00

Tipp

Nightclubbing

An keinem Ort der Insel findet sich ein so breit gefächertes Angebot für Nachtschwärmer wie in der Inselhauptstadt. Wer in Palma selbst unterwegs sein will, der findet in der zentralen Carrer d'Apuntadors im Mondschatten der Kathedrale eine riesige Auswahl an Tapas-Bars, Restaurants, Cocktail-Bars und Musik-Lokalen. Ab Mitternacht ziehen dann viele weiter in die Clubs und Diskotheken der Stadt (siehe S. 22/23). Gut die Nacht zum Tage machen kann man auch im **Pacha** (Abb. unten; Avinguda Gabriel Roca 42, E-07014 Palma, www.pachamallorca.es), einer der bekanntesten, vor mehr als 40 Jahren von Ricardo Urgell gegründeten Clubmarken der Welt. Heute gibt es weltweit mehr als 20 Häuser. Das Pacha auf Mallorca ist nach dem auf Ibiza eines der Aushängeschilder.

in dem Bergstädtchen Andratx blicken lassen (außer beim Wochenmarkt am Mittwoch), ist Port d'Andratx vor allem bei gut situierten deutschen Touristen sehr beliebt.

INFORMATION
OIT Port d'Andratx, Edifici de la Llotja s/n, Avenida Mateo Bosch, E-07157 Port d'Andratx, Tel. +34 9 71 67 13 00, www.andratx.cat

17 Sant Elm

Wer nach Sant Elm kommt, sucht Ruhe und Abgeschiedenheit. In der Fußgängerzone gibt es einige exzellente Fischlokale mit schönem Blick auf die Bucht und den Hofladen Es Bocoi von Manuel Artigaone (unbedingt probieren: das hausgemachte Mandeleis).

AKTIVITÄTEN
Von Sant Elm legen die Boote auf die Dracheninsel Sa Dragonera ab (www.conselldemallorca.net/dragonera.

INFORMATION
OIT Sant Elm, Avenida Jaime I. 28,
E-07159 Sant Elm (Andratx),
Tel. +34 9 71 23 92 05

Genießen Erleben Erfahren

DuMont Aktiv

Alle Ozeane an einem Tag

Mit fünf Millionen Litern Salzwasser, 55 Aquarien und mehr als 700 unterschiedlichen Arten ist das Palma Aquarium eines der größten Aquarien Europas. Sein Besuch bietet ein Spektakel für Groß und Klein.

Kofferfische, Anemonenfische, Doktorfische, Kraken und Seepferdchen: In kaum einem Aquarium Europas gibt es eine solche Vielfalt an Meeresfauna und -flora zu bestaunen wie im Palma Aquarium. Das Haus bildet naturgetreu die Ökosysteme der Weltmeere nach. Besucher lernen alle Ozeane der Erde und ihre Bewohner an nur einem einzigen Tag kennen.

Das Gebäude erstreckt sich über mehrere Ebenen. Höhepunkt der Besichtigung ist Big Blue, das größte Haifisch-Aquarium Europas. In diesem 33 Meter langen, 25 Meter breiten und 8,5 Meter tiefen Becken schwimmen Sandbankhaie, Sandtigerhaie, Adlerrochen und Geigenrochen.

Ideal für Kinder sind die sogenannten Toca-toca-Aquarien, in denen sie Seesterne, Seeigel und Seegurken anfassen dürfen. Die mutigsten unter den Kleinen können sich auch als „Haisitter" betätigen: Die Kinder verbringen dabei eine Nacht im Zeltlager vor dem Big Blue.

Sogar mit Haien tauchen ist im Big Blue möglich. Dafür benötigen Kinder aber das Einverständnis der Eltern. Seit dem Jahr 2014 ist das Palma Aquarium übrigens auch ein offizielles Rettungszentrum für Meerestiere – immer wieder werden hier verletzte Schildkröten und Fische gesund gepflegt, bevor sie wieder in die Freiheit entlassen werden. Zudem setzt sich die Einrichtung für den Schutz des roten Thunfischs und anderer bedrohter Arten ein. Das Geld hierfür stammt ausschließlich aus den Eintrittsgeldern.

Weitere Informationen

Das Palma Aquarium hat 365 Tage im Jahr von 9.30 bis 18.30 Uhr geöffnet. Tickets kosten 25 € für Erw. und 14 € für Kinder.

Palma Aquarium, Manuela de los Herreros 21, E-07610 Palma de Mallorca, Tel. +34 9 02 70 29 02, www.palmaaquarium.com.

Mallorcas Schauseite

Wer auf Mallorca Ruhe und Abgeschiedenheit sucht, der ist im Nordwesten der Insel mit der zerklüfteten Serra de Tramuntana und den malerischen Bergdörfern Estellencs, Banyalbufar, Esporles, Valldemossa, Deià und Fornalutx am besten aufgehoben. Ganz nebenbei bietet die Nordwestküste auch atemberaubende Ausblicke, spektakuläre Wanderwege und traumhafte Sonnenuntergänge.

Panoramablick auf die unverbaute Küste im Nordwesten der Insel, vom Monestir de Miramar aus gesehen.

Abendstund hat Gold im Mund. Oben in Son Marroig, am kleinen Pavillon aus Carrara-Marmor, zerfließt das Licht am späten Nachmittag wie Wasserfarben. Rund um das Herrenhaus, das der österreichische Erzherzog Ludwig Salvator im 19. Jahrhundert zu einem prunkvollen Anwesen ausbauen ließ, leuchten die Blätter in Grün und Gold, während die Sonne wie eine Kupfermünze im Meer versinkt.

„Son Marroig ist das am schönsten gelegene Haus Mallorcas", schrieb der Erzherzog einst. Sicher zu Recht, aber das mit der schönsten Lage ließe sich auch über den ganzen Nordwesten, die Schauseite der Insel, sagen. Denn keine andere Gegend Mallorcas bietet so großartige Ausblicke auf das Meer, so atemberaubende Berglandschaften und so malerische Dörfer wie der Küstenabschnitt zwischen dem Weiler Estellencs im Westen und dem Kloster Lluc im Osten. An der grandiosen Bergstraße Ma-10, die die Serra de Tramuntana einmal von West nach Ost durchschneidet, liegen einige der größten Sehenswürdigkeiten Mallorcas: die Kartause von Valldemossa, die Landhäuser des Erzherzogs Ludwig Salvator, die sympathischen Bergdörfer Estellencs, Banyalbufar, Esporles, Valldemossa, Deià und Fornalutx sowie das Kloster Lluc. Hinzu kommen ungezählte versteckte Orte und Plätze für Robinsonaden, die man erst beim zweiten Hinsehen entdeckt.

Vom Zauber des Nordwestens

Ein Ort, der den Zauber des Nordwestens besonders intensiv versprüht, ist das Restaurant Sa Foradada auf der gleichnamigen Halbinsel. Schon am frühen Morgen klackert in der Küche das Geschirr. Dann bereiten die Gastwirtin Lidia Fernández und ihr rumänischer Mann Valentin Buru das Gedeck für den Tag vor. Ihr Restaurant ist eines der abgelegensten der Insel, aber auch eines der schönsten. Trotzig klammert es sich an die Felsen der Foradada-Halbinsel zwischen Valldemossa und Deià. Nur zu Fuß

Oben: Wer vom Jugendstilbahnhof in Sóller noch weiter ans Meer will, der steigt hier einfach in die Straßenbahn um: Seit 1913 verbindet sie den Ort mit seinem nur wenige Kilometer entfernten Hafen Port de Sóller.
Unten: auf der Plaça de sa Constitució im Zentrum von Sóller.

Über den Dächern im Zentrum von Sóller erheben sich die Gipfel der Tramuntana.

Oben: Traditionelle mallorquinische Segelboote an der Mole von Port de Sóller.

Links: Shoppingbummel entlang der schönen Uferpromenade von Port de Sóller.

Schon die Römer machten die Bucht von Sóller zu einem der wichtigsten Umschlagplätze der Balearen.

Orangen-Express

Special

Auf schmaler Spur

Wer von Palma aus mit der Ferrocarril de Sóller startet, bekommt während der Fahrt einige der schönsten Landschaften der Insel zu sehen.

„Nos vamos", sagt Juan Marcus. Der 57-Jährige ist seit rund 18 Jahren Lokführer. Kaum einer kennt die Strecke nach Sóller so gut wie er.

„Auf geht's." Noch einmal versichert er sich, dass die Tür fest verschlossen ist, dann ruckelt der Zug an. Links und rechts ziehen Palmas Vororte vorbei. In den Hauseingängen bellen Hunde, während die holzvertäfelten Waggons durch die Gassen rattern. Außerhalb der Stadt rollt der Zug mit 40 km/h durch Mandel- und Olivenhaine. Zwischen den Natursteinmauern blühen Macchia und Klatschmohn. „Die Landschaft hier ist ein Traum", sagt Juan Marcus.

Unterwegs gibt es viel zu sehen.

Dann wird es hügeliger. Die Bahn fährt durch Wälder aus Steineichen und Aleppo-Kiefern am Fuß der Serra de Tramuntana. In Bunyola halten wir an. Eine Familie mit Kinderwagen steigt aus, Wanderer steigen ein. Weiter geht es durch den *túnel major*, den Tunnel durch die Serra de Alfabia (2857 m). Am Aussichtspunkt Mirador del Pujol d'en Banya hält der Zug noch einmal. Wie von einer Tribüne blickt man von hier ins Tal der Zitronen und Orangen, die den Zug einst berühmt machten. Nach etwas mehr als einer Stunde Fahrt rollt der Zug in Sóllers Jugendstil-Bahnhof ein.

ist es in etwa einer Stunde über einen staubigen Schotterweg zu erreichen – oder per Boot von Port de Sóller aus. Und alle waren sie schon hier: Bruce Springsteen und Patti Scialfa, Halle Berry, Tom Hanks und Rafael Nadal. Sie alle ließ der Ort nicht mehr los, keiner konnte sich an der Landschaft sattsehen.

Einfach köstlich

Bereits vor mehr als vier Jahrzehnten pachteten die Eltern von Lidia Fernández den Grund, um auf den Felsen ein Restaurant zu eröffnen. Eigentlich wollten sie in großem Stil Pauschaltouristen mit dem Boot von Port de Sóller aus hierher bringen. Doch schon nach einer kurzen Zeit gab die Familie diese großen Pläne wieder auf. Heute sind es vor allem Wanderer und Segler, die den Weg hierher finden. Ab mittags schmoren auf dem Feuer riesige Paellas. Die Zutaten sind einfach: Reis, frischer Fisch, Salz und Olivenöl. Die Paellas sind ein solcher Genuss, dass die Gäste im Juli und August hier Schlange stehen. „Manche Leute warten vor der Tür, andere auf ihrer Jacht", sagt Gastwirt Valentin Buru. „Wir geben ihnen dann ein Handzeichen, wenn ein Tisch frei wird."

Und was für eine Atmosphäre das ist: Den ganzen Tag begegnet man keinem Auto, hört kein Hupen und sieht außer

Schon von Weitem erkennt man die grüne Dachhaube des Kartäuserklosters von Valldemossa.

„Diese Landschaft macht uns stumm. Alles was der Maler oder Dichter erträumen kann, hat die Natur an diesem Ort erschaffen."

George Sand

den Gästen keine Menschenseele. Stattdessen beobachtet man, wie am späten Nachmittag langsam die Sonne im Meer versinkt. In Fernández' Restaurant kommen Besucher mittlerweile aus ganz Europa, den Vereinigten Staaten, Südamerika, Russland und sogar Japan. Einige Gäste wollten das traumhafte Anwesen sogar schon kaufen, erzählt Buru: „Doch es ist nicht verkäuflich."

Michael Douglas & Co.

Im Nordwesten Mallorcas sind die Nachmittagsstunden die Zeit des Tages. Das wissen nicht nur Lidia Fernández und Valentin Buru, das wussten auch schon Schauspieler wie Michael Douglas, der hier ebenso ein Anwesen besaß wie viele andere Stars und Prominente. Doch schon lange vor ihnen waren frühe Reisende, Maler und Schriftsteller von der Schauseite Mallorcas fasziniert, darunter der Komponist Frédéric Chopin, die französische Schriftstellerin George Sand, der britische Dichter Robert Graves und der katalanische Maler Santiago Rusiñol. Zu Recht, wie sich im Jahr 2011 herausstellte: Denn damals erklärte die Unesco die Kulturlandschaft der Serra de Tramuntana zum schützenswerten Erbe der Welt.

Eines der schönsten Dörfer an der Nordwestküste ist bis heute Valldemossa. Zugegeben: Es ist auch eines der meistbesuchten. Fast eine halbe Million Touristen drängen sich jedes Jahr durch die Gassen. Dabei gibt es einiges zu sehen – nicht nur das mittelalterliche, mit Tausenden bunter Blumentöpfe verzierte Altstadt-Ensemble, sondern auch den Ort, an dem sich Frédéric Chopin und George Sand im Winter 1838/1839 für einige Monate niederließen – in den Zellen zwei und vier des Kartäuser-Klosters von Valldemossa. Chopin vollendete in dieser Zeit sein berühmtes Regentropfen-Prélude (Préludes op. 28, no. 25). Sand schrieb hier einen Teil ihres Buchs „Ein Winter auf Mallorca", ein Klassiker der Reiseliteratur des 19. Jahrhunderts. Vor dem Kloster erinnert noch eine Chopin-Büste an den Aufenthalt. Auch den britischen Schriftsteller Robert Graves verschlug es an Mallorcas Nordwestküste. Fast sein ganzes Leben verbrachte er im nur wenige Kilometer entfernten Deià.

Mit den von Zypressen umringten Herrenhäusern und den allgegenwärtigen Aleppo-Kiefern erinnert das kleine Städtchen ein bisschen an die Toskana. Rund um die wehrhafte Església Sant Joan Baptista liegen malerische Terrassen mit Oliven- und Mandelbäumen. Den schlicht anmutenden Natursteinhäusern ist es nicht anzusehen, aber deren Preise sprechen für sich: Hier residieren die wohlhabenderen unter den Mallorca-

Arkadengang im Monestir de Miramar. Alte Olivenbäume und Eichen umgeben das im Jahr 1276 gegründete Kloster bei Son Marroig.

„Stille – auch wenn man schreit … immer noch Stille“: Chopin beschrieb die Kartause von Valldemossa (hier die Bibliotek) als „sehr merkwürdigen Ort“.

Entlang der Avinguada de Palma, der einmal um den Ort herum direkt zur Kartause führenden Hauptstraße von Valldemossa, lässt es sich gut flanieren – und im Schatten belaubter Bäume rasten.

„Ein jeder lese im großen Buche der Natur, das ist eine Lektüre, bei welcher man ... nur Erholung und Genuss schöpfen wird" (Erzherzog Ludwig Salvator): Im Naturreservat Puig de Galatzó erfahren Wanderer viel Wissenswertes über die Flora, Fauna und Geologie der Tramuntana.

Oben: Bergdorfidylle Fornalutx. Die 300 bis 400 Jahre alten ockerfarbenen Natursteinhäuser, durch die sich enge Gassen und steile Treppen winden, wurden stilgerecht renoviert und sind eine wahre Augenweide. Unten: Straßenszene in Deià. Bereits im 19. Jahrhundert übte der herrlich gelegene Ort eine fast magisch anmutende Anziehungskraft auch auf viele Künstler und wohlhabende Aussteiger aus.

Residenten. Zu zweit verlässt man kaum eines der Restaurants mit einer Rechnung unter 100 Euro. Im edlen Hotel Residencia oder im neuen Hotel-Restaurant Es Molí etwas außerhalb des Zentrums reicht selbst das nicht.

Zwischen Zitronen- und Orangenbäumen

Nicht ganz so idyllisch wie Valldemossa und Deià präsentiert sich Sóller, das touristische Zentrum im Nordwesten. Das ganze Jahr über tummeln sich hier Besucher aus aller Welt. Das liegt auch daran, dass Sóller seit 1912 über eine 27 Kilometer lange Zugstrecke mit 13 Tunnels und mehreren Brücken direkt mit Palma verbunden ist (siehe das Special auf S. 51).

Eingebettet in einem Bergtal liegt Sóller malerisch zwischen Zitronen- und Orangenbäumen. Zitrusfrüchte waren es auch, die der Stadt einst zu großem Wohlstand verhalfen. Die ersten Orangen Europas kamen aus Sóller. Schon vor 600 Jahren wurden in dem sonnigen, geschützten Tal Orangen angebaut – die Araber hatten sie mit Schiffen aus Afrika gebracht. Im 18. Jahrhundert verschiffte man die Orangen von Port de Sóller aus zu den französischen Häfen von Toulon und Marseille, um sie in Frankreich und Deutschland zu verkaufen.

Mit Eröffnung der Bahnstrecke von Palma nach Sóller wurden die Orangen sowie anderes Obst und Gemüse mit dem Zug in die Inselhauptstadt geschafft. Heute befördert die Bahn vor allem Touristen – je nach Saison fährt der Zug vier- bis sechsmal täglich in jede Richtung.

Lebhaftes Sóller

Dass es den Menschen in der Stadt gut ging, kann man auch heute noch erkennen. Viele Häuser und öffentliche Gebäude wurden im ausgehenden 18. und beginnenden 19. Jahrhundert im Jugendstil erbaut, den die Spanier *modernisme* nennen. Heute, da der Orangenpreis auf den spanischen und internationalen Märkten in den Keller gesunken ist, bleiben – wie auf dem Festland – viele der

Felsenfest klammert sich das schon von den Mauren gegründete Dorf Estellencs hoch über dem tiefblauen Meer an den Berg.

Auch Banyalbufar, keine 10 Kilometer nordöstlich von Estellencs entfernt an der Steilküste gelegen, ist arabischen Ursprungs: Buniola-al-bahar („kleiner Weingarten am Meer") hieß damals der Ort.

Moderner Minnesänger mit Ukulele in Estellencs: Es schadet ja nie, wenn man zur richtigen Zeit den richtigen Ton trifft ...

Vor Piratenüberfällen schützen sollte der 1545 wohl als ältester Wachturm Mallorcas bei Banyalbufar errichtete Talaia de ses Animes.

„Mallorca ist meine zweite Heimat und der Ort, an dem ich mich in Catherine verliebt habe."

Michael Douglas

Früchte an den Bäumen hängen, ohne jemals geerntet zu werden. Immerhin: Ihr Duft zieht durch das ganze Tal, und natürlich gibt es die Früchte an jeder Straßenecke zu kaufen. Dass Sóller das touristische Zentrum der Tramuntana ist, hat auch damit zu tun, dass in Port de Sóller, dem nur wenige Kilometer entfernten Hafen Sóllers, der einzige große Sandstrand an der Nordwestküste liegt. Die kleinen Buchten von Valldemossa und Deià sind zwar wildromantisch, aber eben klein und die Strände steinig.

Entlang der Promenade, die sich um die ganze Bucht zieht, scharen sich zahlreiche Bars, Restaurants und Hotels. Aktuell entwickelt sich das umtriebige Hafenstädtchen gerade zu einem immer exklusiver werdenden Ferienort. Nicht immer zu seinem Vorteil, wie das Beispiel des luxuriösen Jumeirah Port de Sóller Hotel & Spa zeigt: Grell leuchtend an den Felsen über dem alten Fischereihafen klebend, wirkt es wie ein Fremdkörper.

Spektakuläre Landschaften und eine traumhafte Bergkulisse

Wer statt nach Port de Sóller in Richtung Nordosten vorbei an den malerischen Bergdörfchen Fornalutx und Biniaraix fährt, der gelangt zu einigen der spektakulärsten Landschaften der Insel. Über den Coll de Puig Major geht es durch eine traumhafte Bergkulisse vorbei an Mallorcas höchstem Gipfel, dem Puig Major (1445 Meter), in Sichtweite der Stauseen Cúber und Gorg Blau in Richtung Escorca mit seinem alles überstrahlenden Kloster Lluc. Obwohl es auf Mallorca auf jedem auch noch so kleinen Hügel ein Kloster oder eine Einsiedelei gibt, ist das Monestir de Lluc bis heute der wichtigste und bedeutendste Wallfahrtsort der Insel.

Die Madonna und der Hirtenjunge

Die Kuppel der klösterlichen Renaissancekirche ist prächtig dekoriert. Im Inneren steht die schwarze Madonna von Lluc. Der Legende nach soll ein Hirtenjunge sie im 13. Jahrhundert auf einem Fels gefunden und in die Pfarrei San Pere von Escorca gebracht haben. Die Dorfbewohner waren begeistert. Doch als sie ihre Madonna am nächsten Morgen suchten, war sie verschwunden. Der Hirtenjunge fand sie daraufhin an der Stelle, an der er sie zuerst gefunden hatte, ein weiteres Mal. Dies wiederholte sich, bis die Bewohner von Escorca merkten, dass es vielleicht doch sinnvoller sei, an der Fundstelle der Madonna eine Kirche zu errichten, statt diese an einen anderen Ort zu bringen. So geschah es – und die Madonna blieb.

Lange Sandstrände sucht man an Mallorcas Nordwestküste vergebens, aber dafür gibt es hier jede Menge Natur, beschauliche Dörfer mit kleinen Buchten, erstklassige Restaurants und schöne Fincahotels.

Rechts: Die Straße nach Sa Calobra lässt jeden motorisierten Kurvenspezialisten innerlich jubilieren – und äußerlich schwitzen.

Unten: Noch größer ist die Herausforderung allerdings für Radfahrer.

Links: Der Innenraum der Basilika im Kloster Lluc wurde von dem katalanischen Architekten und Künstler Antoni Gaudí gestaltet. Als strenggläubiger Christ ließ er sich dabei vom byzantinischen Stil wie vom Barock inspirieren und schuf mit viel Blattgold eine faszinierende Raumatmosphäre.

Rechts: Der Hochaltar in der Klosterkirche birgt in einer drehbaren Nische die (außerhalb der Messe in der hinter dem Altar liegenden Kapelle aufbewahrte) Schwarze Madonna von Lluc.

Zimmer mit (traumhaft schöner) Aussicht und Pool inklusive: Ca's Xorc ist eine geschmackvoll in ein Landhotel umgewandelte Finca bei Deià, zu der auch ein herrlicher Garten gehört. Die Anfahrt gestaltet sich etwas mühsam, aber wenn man die Idylle erreicht hat, will man hier gerne verweilen.

ERZHERZOG LUDWIG SALVATOR

Mallorcas erster Naturschützer

Ende des 19. Jahrhunderts erwarb Ludwig Salvator von Habsburg-Lothringen mehrere Landgüter zwischen Valldemossa und Deià. Der Erzherzog ließ auf seinem Grund Wälder wieder aufforsten, Wanderwege anlegen und verfasste detaillierte naturkundliche Studien über die Balearen. Bis heute wird er dafür auf der Insel verehrt.

Wären da nicht das Meer und die vielen Olivenbäume, die ihre Äste in den Himmel recken, man könnte glatt meinen, in den Alpen zu sein. Die österreichische Fahne weht im Wind, dahinter erheben sich mehr als 1000 Meter hohe Gipfel über die Berglandschaft. An den Wänden im Inneren des Gebäudes hängen Bilder von Erzherzog Ludwig Salvator und von Kaiserin Elisabeth, genannt „Sisi“. Doch die Szene spielt nicht in den Alpen, sondern mitten auf Mallorca: in dem ehemaligen Kloster Miramar zwischen Valldemossa und Deià.

Ludwig Salvator von Habsburg-Lothringen und Bourbon wurde 1847 geboren. Als dritter Spross des Erzherzogs der Toskana genoss Salvator eine strenge Ausbildung. Doch das Leben am Hof missfiel ihm. Das Reisen und die Erforschung der Natur packten ihn früh. Wo er auch hinkam, zeichnete Salvator Skizzen von Landschaften, Tieren und Pflanzen. Auf die Balearen reiste er erstmals 1867. Von der Begeisterung für die wunderschöne Landschaft gepackt, erwarb er nach und nach mehr als ein Dutzend Landgüter, darunter Son Miramar (1871) und Son Marroig (1877).

„Der Erzherzog war ein großer Botschafter der Naturpolitik“, sagt José María Sevilla. „Kaum ein anderer hat sich so für Mallorca eingesetzt wie er. Und er trug viel dazu bei, die Serra de Tramuntana als bedeutende Kulturlandschaft zu erhalten.“

Sevilla muss es wissen, denn er ist seit 58 Jahren der Ehemann von Silvia Ribas, einer der beiden Nichten des Sekretärs, dem Salvator seine Landgüter einst vererbte. Fast ebenso lang erforscht Sevilla das Leben des Erzherzogs. Der 86-Jährige hat nicht nur eine Biografie des Erzherzogs verfasst, für seine Verdienste um das Erbe des Erzherzogs wurde ihm sogar von der österreichischen Präsidentschaftskanzlei das Goldene Verdienstzeichen der Republik Österreich verliehen.

Naturbewusster Exzentriker

Sevilla beschreibt Salvator als einen exzentrischen Menschen, der sich nicht ständig hier aufhielt, aber mehr als 30 Jahre lang immer wieder nach Mallorca zurückkehrte. Während des Ersten Weltkriegs musste sich der Erzherzog nach Schloss Brandeis in Böhmen zurückziehen. Dort starb er 1915 an Herzversagen. Aber bis heute gilt Salvator als der Ahnvater moderner Mallorca-Reisender, als erster prominenter Aussteiger auf den Balearen, als ein exzellenter Seefahrer und Visionär, als Pazifist und nicht zuletzt als Mallorcas erster Naturschützer. Im Jahr 2015 gedachte man auf Mallorca mit zahlreichen Ausstellungen seines hundertsten Todestages.

Naturidyll: der schattige Garten im Landsitz Son Marroig (oben; darunter ein Blick in die Innenräume). So intensiv wie der Erzherzog hat kaum ein anderer Mallorca und die Nachbarinseln studiert. Sein siebenbändiges Werk „Die Balearen in Wort und Bild geschildert“ ist bis heute eines der Standardwerke über die Tier- und Pflanzenwelt dieser Inseln.

Oben: Zeitgenössisches Foto mit dem Erzherzog in der Bildmitte. Linke Seite: Blick von der Terrasse seines Landsitzes Son Marroig.

Fakten & Informationen

Die beiden bekanntesten Landgüter des Erzherzogs sind Son Marroig und Son Miramar. Beide liegen in Sichtweite voneinander an der Straße von Deià nach Valldemossa und können besichtigt werden. Auf Son Marroig sind alte Möbelstücke, Bücher und Bilder des Erzherzogs ausgestellt. Auf Son Miramar kann man u. a. einen Nachbau von Salvators Schiff *Nixe II.*, zahlreiche Sextanten und Kompasse, Flakons mit Salvators Reisemedizin und eine wertvolle Marienfigur, die Kaiserin Elisabeth dem Erzherzog 1892 als Gastgeschenk nach Mallorca mitbrachte, bestaunen (Carretera Deià-Valldemossa km 6, www.sonmarroig.com, Juni–Sept. tgl. 10.00–17.45, Okt.–Mai 9.00–16.45 Uhr).

Maßstab 1:200.000
0 2 4km
MAR
MEDITERRÁNEO
Serra de Tramuntana
Escorca
Puig Major
Embalse de Gorg Blau
Embalse de Cúber
Maçanella
Sóller
Port de Sóller
Fornalutx
Deià
Valldemossa
Esporles
Estellencs
Banyalbufar
Bunyola
Alaró
Lloseta
Inca
Selva
Binissalem
Consell
Santa Maria del Camí
Sencelles
Lluc
Cala Tuent
sa Calobra
Punta de Sóller
Cap Gros
Punta Grossa
Punta de sa Foradada
Port de Valldemossa
Punta de Son Serralta
Punta de sa Llueta
1
2
3
4
5
6
7
8
9
10
11
12
13
14
15
16

Magische Orte

Fantastische Panoramen, zerklüftete Berge, malerische Orte, dazu atemberaubende Serpentinenstraßen und kleine, wildromantische Strände: Mallorcas Magie ist nirgendwo besser zu spüren als im Nordwesten der Insel.

1 Estellencs

Die am Fuß des **Puig de Galatzó** (1026 m), dem bei Wanderern beliebten südlichsten Gipfel der Serra de Tramuntana, gelegene 350-Seelen-Gemeinde gehört zu den schönsten Dörfern Mallorcas. Mit der **Wehrkirche Sant Joan** aus dem 15. Jh., den engen Gassen, der Terrassenlandschaft und der winzigen Playa, zu der ein etwa halbstündiger Fußweg hinunterführt, könnte es direkt dem Mittelalter entsprungen sein. Auf den Terrassen und in den Gärten werden bis heute Gemüse und Wein angebaut. Im Dorf gibt es auch einige kleine Cafés.

RESTAURANT
Im €€ **Montimar** (Plaça Constitució 7, E-07192 Estellencs, Tel. +34 9 71 61 85 76) kommen traditionelle mallorquinische Gerichte auf den Tisch. Ein Gedicht: der hausgemachte Frischkäse mit Feigen. Und das Spanferkel mit dem typisch mallorquinischen Gemüse-Mix *tumbet* bekommt man auf Mallorca selten so gut.

2 Banyalbufar

Auf den Terrassen von Banyalbufar wurde vermutlich schon zu römischer Zeit alles angebaut, was das Herz begehrte. Im Sommer verbringen hier viele Mallorquiner ihren Urlaub in einem der Ferienhäuser. Die kleine Badebucht von Banyalbufar gehört zu den schönsten an der Nordwestküste. Eine Alternative ist der über eine steile Serpentinenstraße erreichbare kleine Fischerort **Port d'es Canonge** mit zwei winzigen Playas und einer Handvoll Bars.

3 Esporles

Versteckt im Landesinneren an der Straße von Palma nach Banyalbufar gelegen, ist eine der Hauptattraktionen von Esporles der **Schaubauernhof La Granja** (Carretera Esporles-Banyalbufar km 1,6, E-07190 Esporles, www.lagranja.net). Schon zu Römerzeiten sollen Menschen nahe der Quelle beim Hof gewohnt haben, später war der Ort berühmt für seine Mühlen. Auf La Granja gibt es auch ein Restaurant und einen Hofladen mit mallorquinischen Delikatessen wie Marmelade, Käse, Feigenbrot, Sobrassada-Würsten, Krapfen und dem süßen Moscatel-Wein. Viele der Spezialitäten können verkostet werden.

Fischerboote am kleinen Hafen von Port d'es Canonge. Auffällig an diesem Abschnitt der Nordwestküste sind die bis ins Wasser reichenden roten Felsen aus – auf Mallorca sonst nur sehr selten vorkommendem – Buntsandstein.

4 – 7 Valldemossa und Umgebung

Das 2000-Einwohner-Städtchen 4 **Valldemossa** TOPZIEL schmiegt sich malerisch an die Serra de Tramuntana.

SEHENSWERT
Hauptattraktion ist das ehemalige **Kartäuserkloster** (Plaça de la Cartoixa s/n, www.cartujadevalldemossa.com, Sommer tgl. 9.30–18.30, Dez./Jan. nur bis 15.00, Nov. und Feb. bis 17.30 Uhr). Das Kloster wurde schon im Jahr 1399 gegründet, die heutigen Gebäude stammen allerdings überwiegend aus dem 18. Jh. 1835 wurde das Kloster säkularisiert, die Räume, in denen einst die Mönche untergebracht waren, hat man fortan vermietet. In den heutigen Zellen zwei und vier wohnten im Winter 1838/1839 Frédéric Chopin und George Sand. Sehenswert ist auch der **Palau del Rei Sanç**, der ehemalige Palast von König Sancho (1309–1399), unmittelbar neben dem Kloster.

VERANSTALTUNGEN
Jedes Jahr im August findet im Kreuzgang des Klosters das **Chopin-Festival** statt, bei dem renommierte Musiker auftreten (www.festivalchopin.com). Am 28. Juli wird in Valldemossa ein **Fest für die Stadtheilige Catalina Tomás** gefeiert, am 24. August ein **Fest zu Ehren des San Bartholomé**.

HOTEL
Das €€ **Hotel Continental Valldemossa** (Carretera Valldemossa-Deià km 10, E-07170 Valldemossa, Tel. +34 9 71 61 20 00, www.hotelcontinentalvalldemossa.com) bietet schöne Zimmer, ein exzellentes Restaurant und tolle Ausblicke. Ideal für Radfahrer und Wanderer.

UMGEBUNG
Der idyllische Hafenort 5 **Port de Valldemossa** mit seinen zahlreichen bunten Bootsschuppen, den Fischerbooten und kleinen Restaurants liegt nur wenige Kilometer entfernt. Die Fahrt führt in Dutzenden steiler Haarnadelkurven bergab, lohnt aber nicht zuletzt wegen des schönen Kiesstrandes, der zum Baden einlädt. Von 6 **Son Marroig** TOPZIEL, der ehemaligen Residenz des Erzherzogs Ludwig Salvator westlich von Deià, hat man einen fantastischen Ausblick über die Berge und das Meer (Adresse und Infos siehe S. 60). Auch das 7 **Monestir de Miramar** zählte einst zum Besitz des Erzherzogs und wird heute von den Erben weitergeführt. 1276 gründete der Philosoph, Mystiker und christliche Gelehrte Ramón Llull hier eine Klosterschule.

INFORMATION
OIT Valldemossa, Avenida Palma 7, E-07170 Valldemossa Tel. +34 9 71 61 20 19, www.valldemossa.com, www.serradetramuntana.net

8 Deià

Bekannt wurde das hübsche Örtchen mit seinen engen Gassen und mittelalterlichen Natursteinhäusern vor allem durch den britischen Schriftsteller Robert Graves (1895–1985), der hier fast 50 Jahre bis zum Ende seines Lebens verbrachte. Später folgten ihm weitere Schriftsteller, Maler und Musiker.

Tipp

Grünes Paradies

Wasser plätschert, der Wind rauscht in den Platanen, Blüten duften: Im 12. Jh. war Alfabia Wohnsitz des arabischen Wesirs Ben Abet, später ging das Landgut in den Besitz christlicher Adeliger über. Schon der Zugang über die breite Platanenallee ist eindrucksvoll. In den **Jardins de Alfabia** erwarten den Besucher eine wunderschöne Pergola mit Wasserspielen in 24 kleinen Becken, ein Seerosenteich, verschiedene Palmenarten, ein Gehege mit Haustieren und das „Rote Schlösschen" aus dem 17. Jh. mit kostbaren Möbeln, Teppichen und einer historischen Bibliothek. Im Garten gibt es auch ein kleines Café, in dem man sich erfrischen kann.

INFORMATION
Jardins de Alfabia, Carretera Palma-Sóller km 17, www.jardinesdealfabia.com, April–Okt tgl. 9.30–18.30, März Mo.–Fr. 9.30–17.30, Sa. 9.30–13.00 Uhr, Nov.–Feb. geschl.

MUSEUM
Am Ende des Dorfes erinnert ein kleines Museum an Robert Graves (**La Casa de Robert Graves**, Carretera Deià-Sóller, www.lacasaderobertgraves.org, April–Okt. Mo.–Fr. 10.00 bis 17.00, Sa. nur bis 15.00, Nov.–März Mo.–Fr. 9.00 bis 16.00, Sa. nur bis 12.00, Dez./Jan. Mo.–Fr. 10.30–13.30 Uhr, Sa., So. u. Fei. geschl.).

AKTIVITÄTEN
In Deià startet der **Camí de s'Arxiduc**, einer der schönsten Wanderwege der Insel. Für die 8 km, auf denen sich spektakuläre Ausblicke auf Berge und Meer bieten, benötigt man zwischen vier und fünf Stunden.

RESTAURANT
Im €€ **Xelini** (Arxiduc Luis Salvator 19, E-07179 Deià, Tel. +34 9 71 63 91 39, www.xelini.com) werden zum Wein exzellente mallorquinische Häppchen wie frische Sommersalate, leckere Tortilla, Kroketten mit Kabeljau und Thunfisch mit Zwiebeln serviert.

HOTEL
Das €€€€ **Es Molí** (Carretera Valldemossa-Deià s/n, E-07179 Deià, Tel. +34 971 63 90 00, www.esmoli.com) an der Straße von Deià nach

Sa Fabrica des Gelats: Eisdiele in Sóller

Valldemossa, ist eine der exklusivsten Adressen im Nordwesten. Die Zimmer und Suiten bieten einen großartigen Blick über Deià und das Meer. Im Wellness-Bereich werden die Gäste von Kopf bis Fuß verwöhnt.

EINKAUFEN
Die Einkaufsstraße **Carrer de sa Lluna** vereint alle Arten von Geschäften – vom schicken Modedesigner bis zum Souvenirladen. Bei der Initiative **Fet a Sóller** können unbehandelte Orangen, Honig, Marmelade, Wurst, Käse, Mandeln, Salz, Olivenöl und Wein aus der Region eingekauft werden (C/ Cristòfol Quintana Colom 1, www.fetasoller.com – mit Onlineshop).

VERANSTALTUNGEN
Jedes Jahr im Mai/Juni findet in Sóller die **Fira i jornades de sa taronja** statt, das Fest für Orangen und Zitronen. Der Brunnen auf der Plaça de la Constitució ist dann über und über mit Früchten geschmückt.

RESTAURANT
In einem alten Stadthaus mit Tramuntanablick führt Chefkoch und Besitzer Kiko Martorell Sóllers bestes Restaurant, das €€ **Can Boqueta**

„Wenn du das Paradies ertragen kannst, komm nach Mallorca." Gertrude Stein

9 – 12 Sóller und Umgebung

Seit jeher ist 9 **Sóller** (14 000 Einw.) das Zentrum der Orangen-Produktion, der wichtigste Ort an Mallorcas Nordwestküste. Seine zentrale Lage in der Serra de Tramuntana macht es zu einem Anlaufpunkt für Tagestouristen aus Palma, für Wanderer und Mountainbiker.

SEHENSWERT/MUSEEN
Das erste, was man nach der **Fahrt mit dem Sóller-Zug** TOPZIEL (siehe Special S. 51) sieht, ist der hübsche **Jugendstilbahnhof** in einem alten Bauernhaus aus dem 17. Jh. Hier endet die Ferrocarril de Sóller, und hier kann man in die Trambahn nach Port de Sóller umsteigen, die 1913 ihren Dienst aufnahm. In dem kleinen **Museum** im Untergeschoss des Bahnhofsgebäudes (Eintritt frei) sind Werke des spanischen Künstlers Joan Miró ausgestellt. Auf dem zentralen Platz des Ortes, der **Plaça de la Constitució**, lässt sich in einem der Cafés wunderbar das Treiben beobachten. Hier steht auch die im Jahr 1236 errichtete, im 17./18. Jh. barockisierte **Església Sant Bartomeu**. Sehenswert ist das **Jugendstilmuseum Can Prunera** in einem alten Herrenhaus aus dem Jahr 1911. Zu sehen sind dort u. a. Werke von Joan Miró, Henri de Toulouse-Lautrec, Paul Klee, Fernand Léger und Maurice Vlaminck (Calle Sa Lluna 86-90, www.canprunera.com, tgl. 10.30–18.00 Uhr). Einen Besuch wert ist zudem der herrlich angelegte **Jardí Botànic de Sóller** (www.jardibotanicdesoller.org). Hier wachsen Hunderte einheimische Pflanzenarten, darunter auch einige sehr alte Steineichen (März–Okt. 10.00 bis 18.00, Nov.–Feb. 10.00–14.00 Uhr, So.u. Fei. sowie im Dez. geschl.).

Tipp

Mallorcas schönste Bergstraße

Wer nicht gleich die ganze Serra de Tramuntana überqueren, aber einen guten Eindruck von Mallorcas Nordwesten bekommen will, der fährt am besten auf der Ma-10 von Sóller bis zum Kloster Lluc. Am Wegesrand liegen malerische Bergdörfer wie Biniaraix und Fornalutx, der Puig Major, der mit 1445 m höchste Gipfel Mallorcas, die Stauseen Cúber und Gorg Blau, die Traumbucht von Sa Calobra und natürlich Kloster Lluc. Für die gesamte Tour benötigt man je nach Zahl und Dauer der Bade- bzw. Fotostopps einen halben bis einen ganzen Tag. Von Kloster Lluc fährt man schließlich entweder auf der Ma-10 weiter nach Pollença oder auf der Ma-2130 über Inca zurück nach Palma.

(Gran Vía 43, E-07100 Sóller, Tel. +34 971 63 83 98). Besonders lecker: die Spinatsuppe mit Ricotta-Käse und das Angus-Rind mit Rotwein-Chalotten und Süßkartoffelmus.

HOTELS
Große, luxuriöse Zimmer und eine fantastische Aussicht auf den Naturhafen von Port de Sóller bietet das luxuriöse €€€€ **Jumeirah Port de Sóller Hotel & Spa** (Calle Bélgica s/n, E-07108 Port de Sóller, Tel. +34 9 71 63 78 88, www.jumeirah.com). Empfehlenswert ist auch das gemütliche €€ **El Guia** (Carrer Castanyer 2, E-07100 Sóller, Tel. +34 9 71 63 02 27, www.hotelelguia.com) im Zentrum von Sóller.

UMGEBUNG
Von Sóller aus fährt eine alte Trambahn in etwa 30 Minuten in das wenige Kilometer entfernte (10) **Port de Sóller**, das mit seinem weitgeschwungenen Stadtstrand, der Promenade, dem kleinen Hafen und Dutzenden von Hotels, Bars und Restaurants lockt. Die (11) **Jardines de Alfabia** (siehe Tipp linke Seite oben) nahe dem Tunnel von Sóller sind Mallorcas schönste Gartenanlage. Ein Bilderbuchdorf in der Serra de Tramuntana ist das von fast 1500 m hohen Gipfeln eingerahmte (12) **Fornalutx**.

INFORMATION
OIT Sóller, Plaça Espanya 15, E-07100 Sóller, Tel. +34 9 71 63 80 08, www.ajsoller.net
OIT Puerto de Sóller, Calle Canonge Oliver 10, E-07108 Port de Sóller, Tel. +34 9 71 63 30 42

(13) – (15) Rund um Sa Calobra

Die Serpentinenstraße Ma-2141 in die winzige Ortschaft (13) **Sa Calobra** ist eine der abenteuerlichsten, aber auch meistbefahrenen Straßen Mallorcas. Sie führt über 800 Höhenmeter herunter ans Meer. Berühmt ist vor allem die 360-Grad-Kehre *Nus de la cobata* (Krawatten-Knoten) etwa auf halber Höhe der Strecke. Unten angekommen reihen sich in der winzigen Bucht die Restaurants. Etwas ruhiger ist die ebenso über die Ma-2141 zu erreichende (14) **Cala Tuent**. Die Straße dorthin zweigt 2 km vor Sa Calobra links ab. Etwas erhöht gibt es ein Restaurant mit guten Reis-, Fleisch- und Fischgerichten. Der Wildbach (15) **Torrent de Pareis** markiert eines der schönsten Wanderreviere Mallorcas (siehe DuMont Aktiv, rechts).

(16) Monestir de Lluc

Höhepunkt eines Besuchs des **Monestir de Lluc** TOPZIEL ist die Basilika mit der Schwarzen Madonna (oder *La Mereneta*, wie sie die Einheimischen nennen). Sehenswert sind auch das kleine Klostermuseum, der Kalvarienberg und ein botanischer Garten mit etwa 200 einheimischen Pflanzenarten. In den Klosterräumen kann man komfortabel und zu einem angemessenen Preis unterkommen (www.lluc.net).

Genießen Erleben Erfahren

DuMont Aktiv

Mallorcas wildeste Schlucht

Im Winter stürzt sich der Wildbach Torrent de Pareis mit unvorstellbarer Kraft von den Höhen der Serra de Tramuntana ins Mittelmeer – im Frühjahr und im Herbst sind seine bis zu 200 Meter tiefen Schluchten ein Paradies für (erfahrene, trittsichere) Wanderer.

Sein Flussbett entstand vor Jahrtausenden durch Karsterosion und den Einsturz unterirdischer Höhlen. Gerade mal drei Kilometer ist die eigentliche Felsenkluft lang. Doch die haben es in sich. Zuerst führt der Weg über verwilderte Terrassen. Der Duft von Rosmarin, Thymian und Salbei steigt einem in die Nase. Dann geht es steil bergab ins sandige Flussbett.

Mal durchwatet man Wannen, in denen sich das Wasser noch wochenlang nach den letzten Regenfällen staut. Dann wieder klettert man durch Höhlen, die sich an den Wänden der Schlucht gebildet haben. Immer höher türmen sich links und rechts die Felswände auf, bis sich nach fünf Stunden in der Bucht von Sa Calobra wie aus dem Nichts das Mittelmeer mit einem der schönsten Strände Mallorcas vor einem auftut.

Weitere Informationen

Empfehlenswert ist es, den Torrent de Pareis von oben nach unten zu durchwandern.

Der Einstieg erfolgt z.B. am Restaurant Escorca an der Ma-10 zwischen Sóller und Pollença.

Ist im Frühjahr zu viel Wasser in den Gumpen, sollte man eine **geführte Tour** mit einem ortskundigen Guide buchen, z.B. bei **Tramuntana Tours**, Calle de la Luna 72, E-07100 Sóller, Tel. +34 9 71 63 24 23, www.tramuntanatours.com.

Mallorcas wilde Seite

Am Cap de Formentor zeigt sich Mallorca von seiner rauen Seite. Eine 18 Kilometer lange Traumstraße führt zu einer der markantesten Landmarken der Insel. Romantisch zu geht es bei einem Bummel durch die Altstadt von Alcúdia, kreativ im hübschen Künstlerstädtchen Pollença.

Wohl die schönste Aussicht auf das Cap de Formentor hat man von der Talaia d'Albercutx, einem im 18. Jahrhundert als „Piratenausguck" errichteten Wachturm.

Das Museu Dionís Bennàssar ist im einstigen Wohnhaus des Malers in Pollença untergebracht.

Jetzt besser keinen Schritt nach vorne machen! Wer vom Aussichtspunkt beim Leuchtturm Far de Formentor auf der Halbinsel Formentor nach Norden blickt, der bekommt etwas zu sehen, das es an kaum einem anderen Ort auf der Insel gibt. Mehr als 200 Meter fallen die Klippen in das tiefblaue Mittelmeer ab. Eine kühn in den Fels geschlagene Straße windet sich 18 Kilometer von Port de Pollença bis zum 1892 gebauten Leuchtturm an Mallorcas nordöstlichster Spitze. Bevor die Serra de Tramuntana im Meer versinkt, zeigt sie sich noch einmal von ihrer wilden Seite: als dramatische Felslandschaft über türkisblauen Buchten, einige davon mit Traumstränden. Bei klarem Wetter reicht der Blick von hier oben sogar bis zur 40 Kilometer entfernten Nachbarinsel Menorca.

Treffpunkt der Winde

Die kaum zehn Kilometer lange Formentor-Halbinsel verkörpert Mallorca in seiner wildesten Ausprägung. Von den Einheimischen wird sie auch „Treffpunkt der Winde" genannt, treffen hier doch die vier großen Winde Llevant, Ponent, Migjorn und Tramuntana aufeinander. Eine starke Brise weht hier oben oft auch im Frühjahr, dennoch ist das die Jahreszeit, in der wohl die meisten Menschen den Weg ans Cap de Formentor finden:

Special

Schöner Wohnen

Fincas zum Träumen

Für viele ist es *der* Urlaubstraum schlechthin: Finca-Urlaub auf Mallorca. Das Angebot ist riesig.
Jahrhunderte alte Mauern, eine lauschige Terrasse, ein Glas Wein am Abend: Wer träumt nicht davon, einmal in einem der vielen mallorquinischen Landhäuser zu wohnen? Dass das kein Traum bleiben muss, dafür sorgen immer mehr Gastgeber, die ihre Landgüter zu stilvollen Unterkünften umgebaut haben. Die meisten von ihnen sind sehr einfach, andere höchst komfortabel. Die Palette reicht vom Finca-Hotel wie der idyllischen Finca Raims bei Algaida (www.finca-raims.com), der Finca Amapola bei Sa Ràpita (www.finca-amapola.com) oder Cas Xorc bei Deià (www.casxorc.com) bis hin zur kompletten Finca für die ganze Familie. Auf Mallorca gibt es mehr als 2500 Fincas, die vermietet werden. Infos: www.fincas.de, www.fincas4you.com, www.fincallorca.de, www.rusticbooking.com.

... und ist auch im Inneren höchst einladend.

Die Idylle hat einen Namen (Finca Raims) ...

Dreihundertfünfundsechzig Stufen bis zum Himmel, genauer: bis zur neogotischen Kapelle des Kalvarienbergs in Pollença.

Zurück von den himmlischen Gefilden freut man sich dann wieder auf irdische Genüsse – etwa im Café Espanyol an Pollenças Plaça Major.

Von einer 300 Meter hohen Felswand im Osten gerahmt wird die nur wenige Kilometer nordöstlich von Pollença gelegene Cala de Sant Vicenç.

Wer wissen möchte, was die beiden hier vom Mirador de la Creueta, einem Aussichtsbalkon auf dem Weg zum Cap de Formentor, aus fotografierten Ausflügler gerade in ihrem Blickfeld haben, braucht sich nur die linke Seite anzusehen.

Ab Februar rollen Hunderte Radfahrer am Tag in Kolonnen den Berg hinauf. Jedes Jahr besuchen rund 100 000 Profi- und Amateur-Radsportler die Insel. Tagsüber macht das die Fahrt auch für Auto- und Motorradfahrer zum nervenaufreibenden Erlebnis. Frühmorgens oder am späten Nachmittag ist nicht nur der Verkehr ruhiger – auch die Lichtstimmungen sind dann am eindrucksvollsten.

Wild und lieblich zugleich

Das Cap de Formentor ist so etwas wie das wilde Ende Mallorcas. Dabei zeigt sich Mallorcas Nordosten ansonsten durchaus lieblich. Schon ein paar Kilometer weiter südlich in den Buchten von Pollença und Alcúdia eröffnen sich weit geschwungene feinsandige Buchten.

Pollença: Mallorca für Kenner

Apropos Pollença: Man merkt es dem Städtchen mit seinem Hafen-Ableger Port de Pollença an, dass es ein besonderer Ort ist. Ein Ort für Liebhaber des Schönen, ein Ort für Mallorca-Kenner. Die verwinkelten Gassen und der Treppenaufgang zur Kapelle Església del Calvari sind auf Mallorca einzigartig. Auch die Altstadt um die Pfarrkirche Santa Maria dels Àngels, die einst vom Templerorden gegründet wurde, kann sich sehen lassen. Auf der kleinen Plaça vor der Kirche findet jeden Sonntag einer der schönsten Inselmärkte statt. Es gibt nicht wenige, die eigens für den Markt einmal quer über die Insel fahren. Nicht zuletzt ist Pollença auch eine Stadt der Künstler. Überall finden sich kleine Galerien, ein Museum von internationalem Ruhm ist das Museu Dionís Bennàssar: Wo der mallorquinische Maler einst lebte, sind heute viele seiner postimpressionistischen Werke zu betrachten.

Alcúdia: Malerische Altstadt

Wer Pollença in Richtung Süden verlässt, der gelangt in eine weit geschwungene Bucht mit goldgelbem Sandstrand, die Bucht von Alcúdia. Der Ort selbst gehört zu den Touristenzentren auf Mallorca. Nicht nur Pauschalurlauber buchen sich hier gern ein, sondern auch Radfahrer, die mit ihren Rennrädern den Osten der Insel erkunden. Einige Teile von Alcúdia und dem angeschlossenen Hafen Port d'Alcúdia mögen städtebaulich nicht sehr attraktiv sein, in den Außenbezirken

Im Uhrzeigersinn von oben links: Boutique in Alcúdia, dessen autofreies historisches Zentrum ein gut erhaltenes Ensemble mit Gebäuden vom 13. bis zum 17. Jahrhundert bildet. An der Plaçeta de les Verdures erhebt sich die mit einem prächtigen Uhrturm versehene Casa Consistorial, Alcúdias bereits im Jahr 1523 errichtetes Rathaus. Haupttor des von einem zinnenbewehrten Mauerring umschlossenen Städtchens ist die Porta Sant Sebastià.

In der Altstadt von Alcúdia nimmt man(n) sich gern auch mal ein bisschen Zeit für ein kleines Schwätzchen.

„Raum SoKraTES" im von der Stiftung des Künstler- und Sammlerehepaars Yannick Vu und Ben Jakober bei Alcúdia errichteten Museu Sa Bassa Blanca.

dominieren gewaltige Hotelburgen. Doch das von einer teilweise begehbaren Altstadtmauer umgebene historische Zentrum hat sich seinen Charme bewahrt.

Península de la Victòria: Wandern, sehen & erleben

Die zweite sehenswerte Landmarke im Nordosten neben dem Cap de Formentor ist die felsige Península de la Victòria, die die Bucht von Pollença von der Bucht von Alcúdia trennt. Sie ist ein tolles Ausflugsziel und gehört zu den schönsten Wanderrevieren Mallorcas. Nichts geht über das Erlebnis eines Sonnenuntergangs, für das man die fünf Kilometer zur Ermita de la Victòria hinausfährt: Die traumhafte Kurvenstraße bietet in jeder Biegung einen neuen Ausblick auf die Bucht. Auf halbem Weg liegt die Bar S'Illot direkt am Meer. An der Einsiedelei aus dem 14. Jahrhundert angekommen, kehren die meisten bald in das kleine Restaurant Mirador de la Victòria ein. Hier werden feine einheimische Gerichte serviert.

Artà: Mittelalterliches Burgenwunder

Mallorcas Nordostküste war eine der ersten Regionen der Insel, die touristisch erschlossen wurden. Sie ist geprägt von den vielen Hotels in Port de Pollença, Alcúdia und Cala Rajada.

Doch es gibt sie noch – die Orte, in denen der Tourismus noch nicht die Oberhand gewonnen hat. Etwa das kleine Städtchen Artà im Zentrum der Península de Llevant. Fast italienisch muten die verwinkelten Gassen an, über allem thront mächtig die Burg Sant Salvator. Wer auf die Festungsmauer steigt, genießt von dort einen wunderschönen Blick über das grüne Hügelland. Direkt am Fuß der Kirche des Heiligen Salvator innerhalb der Festungsmauern gibt es auch eine kleine Cafeteria, in der selbstgebackene Kuchen serviert werden.

Das mittelalterliche Artà hat auch außerhalb der Burgmauern eine Menge Charme. Im Frühjahr sind die kleinen Cafés und Eisdielen in der Fußgängerzone und an der rechteckigen Plaça Conquistador stets mit Wanderern und Radfahrern gefüllt. Natürlich haben viele deutsche, holländische und britische Urlauber Artà längst für sich entdeckt. Doch es ist ein zurückhaltender Tourismus, der hier gepflegt wird. Einheimische und Touristen sitzen Seite an Seite auf dem Plätzchen neben dem Theater beim Eisessen, spielen Boule oder trinken einen Kaffee. (Besonders empfehlenswert ist übrigens das Eis von Giovanni aus Sóller in der Cafeteria Sa Granja direkt an der Plaça.)

Karge, einsame Landschaften

Auch die Landschaft um Artà herum kann sich sehen lassen. Sie gehört zum Parc Natural de la Península de Llevant. Es sind karge, einsame Landschaften, die man hier durchfährt. Vor allem Ornithologen sind davon begeistert, denn der Park ist die Heimat zahlreicher seltener Vogelarten. Unglaublich, dass die zubetonierten Strände von Cala Rajada kaum zehn Kilometer von hier entfernt sind.

Dort, wo die Halbinsel ins Meer abfällt, finden sich mit der Cala Mesquida, der Cala Torta, der Cala Mitjana und der

> Es gibt sie noch – die Orte, in denen der Tourismus noch nicht die Oberhand gewonnen hat.

nur zu Fuß oder mit dem Boot erreichbaren Cala Matzoc auch einige der Robinson-Strände Mallorcas. Wer Einsamkeit am Meer sucht, ist hier genau richtig.

Ermita de Betlém: Einsame Einsiedelei

Mitten in der wunderbar grünen Landschaft der Península de Llevant mit ihren Zwergpalmen und Dissgras-Feldern liegt auch die Einsiedelei Ermita de Betlém. Bereits Anfang des 19. Jahrhunderts zogen sich Eremiten hierher zurück. Die Aussichten von hier oben sind fast so spektakulär wie die am nördlich gelegenen Cap de Formentor – nur ist es hier deutlich leerer. Das hat auch einen Grund: Die Straße ist teilweise so eng, dass kaum zwei Autos nebeneinander Platz haben.

Rochen werden in der Rochenbucht kaum noch gefangen. Aber Seeteufel und -hechte.

Die Ermita selbst liegt auf der anderen Seite des Bergmassivs hinter Artà eingerahmt von Felsen, Wiesen und Olivenbäumen. Ihre mit schönen Deckenfresken aus dem 19. Jahrhundert geschmückte Kapelle erreicht man über eine 150 Meter lange Zypressen-Allee.

Wer aus dieser noch weitgehend unberührten Landschaft weiter in Richtung Süden fährt, wird schnell ernüchtert. Die 6200-Einwohner-Gemeinde Cala Rajada ist eine der Touristenhochburgen mit zahlreichen Ferienhotels am Ortsrand. Der Ort selbst hat aber einen schönen Hafen und eine lebhafte Uferpromenade. Im Hafen schaukeln auch immer noch einige Llaüts – die typisch mallorquinischen Fischerboote.

Was die Fischer hier in früheren Zeiten fingen, lässt sich ganz einfach vom Namen des Ortes ableiten: Der bedeutet nämlich Rochenbucht. Heute werden hier nur noch selten Rochen gefangen, dafür landen Seeteufel, Seehechte und Thunfische in den Fischernetzen.

Von oben nach unten: Von Artàs Zitadelle hat man einen schönen Blick in die Ebene; Hafenstimmung im bedeutenden Fischer- und Jachthafen von Cala Rajada, an dessen Uferpromenade zahlreiche Restaurants zu Rast und Einkehr einladen.

Einige Kilometer nordöstlich von Artà lockt die abgelegene Cala Torta mit türkisem Wasser und feinem Sandstrand.

EIN REDAKTIONSBESUCH

Mallorcas deutsche Stimme

Seit rund 18 Jahren berichtet die Mallorca Zeitung *über alles, was auf der Insel wichtig ist: Lokalpolitik, Kultur, Sport und Gesellschaft. Gemeinsam mit dem Konkurrenzblatt* Mallorca Magazin *ist sie Mallorcas deutsche Stimme.*

Was macht eine Zeitung von Deutschen für Deutsche auf einer Ferieninsel aus?

„Wir erklären dem Leser mallorquinische Politik, Kultur und Sprache", sagt Frank Feldmeier, stellvertretender Chefredakteur der *Mallorca Zeitung*. „Es gehört zu unseren Aufgaben, Brücken zu schlagen und die vielen Facetten der Insel zu beleuchten, die unseren Lesern ansonsten verborgen bleiben."

Jeden Donnerstag liegt die *Mallorca Zeitung* in einer Auflage von rund 30000 Exemplaren an den Kiosken. Zu den Lesern gehören vor allem deutschsprachige Residenten, aber auch ganz gewöhnliche Urlauber.

„Die Insel hat mehr Geschichten zu bieten als jede deutsche Kleinstadt, denn wir berichten über zwei Gesellschaften, die deutsche und die spanische. Und über die Probleme, die sich im Zusammenleben ergeben."

Gerade die Promis, die die Insel regelmäßig besuchen, bieten ein Füllhorn an Geschichten. Til Schweiger und Tim Mälzer haben Fincas auf der Ferieninsel, Sonja Kirchberger führt ein Restaurant (das Ca'n Punta am kleinen Hafen von El Molinar östlich von Palma), und Dieter Bohlen macht regelmäßig Urlaub auf Mallorca. Auch die spanische Königsfamilie besucht die Insel, wann immer sie kann.

Die *Mallorca Zeitung* berichtet aber nun keinesfalls nur über Stars und Sternchen. Im Gegenteil: Die Redaktion deckt auch auf. Zum Beispiel die Machenschaften des „falschen Doktors von der Platja de Palma", der Patienten ohne Zulassung behandelte. Sie berichtete auch über den früheren Bundespräsidenten Christian Wulff, der gerade erst vereidigt worden war, als er in Port d'Andratx Urlaub machte: in der Villa des Finanzunternehmers Carsten Maschmeyer, einem der reichsten Deutschen, was nicht nur für die Journalisten, sondern auch für viele ihrer Leser ein Geschmäckle hatte.

Kein Wettbewerb mit deutschen Tageszeitungen

Über internationale Politik wird allerdings nur selten berichtet. „Wir wollen ja nicht in den Wettbewerb mit den Tageszeitungen aus Deutschland treten, die man hier ebenfalls an jedem Kiosk bekommt. Internationale Themen behandeln wir meist aus der Mallorca-Perspektive." Zum Beispiel nach dem 11. September: Wie wurde der 11. September auf Mallorca erlebt? Welche Sicherheitsmaßnahmen ergriffen Fluggesellschaften und Flughäfen in Deutschland und Spanien?

Frank Feldmeier an seinem Arbeitsplatz bei der *Mallorca Zeitung*.

Redaktionskonferenz im Gebäude des spanischsprachigen *Diario de Mallorca*, in dem auch die *Mallorca Zeitung* ihren Sitz hat.

Fakten & Informationen

Die beiden bekanntesten deutschsprachigen Publikationen auf Mallorca sind das traditionsreiche *Mallorca Magazin* (Tel. +34 9 71 91 93 13, ***www.mallorcamagazin.com***), das immer freitags erscheint, und die *Mallorca Zeitung* (Tel. +34 9 71 17 05 01, ***www.mallorcazeitung.es***), die donnerstags an den Kiosken liegt. Wer das Inselradio 95,8 (Tel. +34 9 71 72 87 38, ***www.inselradio.com***) einschaltet, der kann sogar auf Deutsch Radio hören.

Welche Konsequenzen ergaben sich für den Tourismus auf Mallorca?

Gewisse Themen wiederholen sich auch. Als die *Mallorca Zeitung* am 12. Mai 2000 erstmals am Kiosk lag, handelte ihr Aufmacher von der sogenannten Ecotasa. Fünfzehn Jahre später, zum Zeitpunkt unseres Redaktionsbesuchs, diskutierte man auf der Insel erneut über eine Touristensteuer. 2016 wurde sie wieder eingeführt.

Eine weitere wichtige Säule sind Service-Themen. Welche Papiere brauche ich, wenn ich als Deutscher auf Mallorca lebe, und wie beantrage ich einen neuen Führerschein?

„So etwas ist wichtig, denn viele Deutsche sprechen nicht so gut Spanisch", sagt Feldmeier.

Arbeiten, wo andere Urlaub machen

Feldmeier selbst spricht fließend Spanisch. Er kam 2004 auf die Insel. Damals bewarb er sich als Jungredakteur bei der noch jungen Zeitung. Heute ist seine Woche vollgestopft mit Terminen: Montag Themenkonferenz, Dienstag und Mittwoch recherchieren und schreiben, Donnerstag Erscheinungstermin, Freitag Blattkritik.

„Vom spanischsprachigen Schwesterblatt *Diario de Mallorca* übernehmen wir zwar einige tagesaktuelle Themen", sagt Feldmeier. „Die meisten Geschichten recherchieren wir aber selbst."

Und wie ist es, dort zu arbeiten, wo andere Urlaub machen?

„Unter der Woche ist definitiv keine Zeit, sich zurückzulehnen", sagt Feldmeier. „Wenn ich aus dem Fenster blicke, sehe ich zwar das Meer, aber eigentlich alle Deutschen, die hier arbeiten, bestätigen, dass man auf Mallorca mehr arbeiten muss als in Deutschland, um sein Soll zu erfüllen und Erfolg zu haben." Am Wochenende habe man dann natürlich die Qual der Wahl, an welchen Strand man fährt. Das gebe es in Deutschland so nicht. „Deswegen sollte man sich darauf einstellen, dass man öfter Besuch bekommt", sagt er. „Oder man hat stets eine gute Ausrede parat."

Maßstab 1:200.000
0
2
4km
Cap de Formentor
Cala Aloy
Racó de les Arcades
Cap de Catalunya
Punta de Font Salada
sa Font Salada
Punta Tomàs
Cala Figuera
Fumat
Cala en Gossalba
Cala Murta
Los Farallones
Casas Veyas
I. COLOMER
Punta la Nau
Punta de la Troneta
Cala Vall de Bóquer
Mirador
Formentor
Hotel
Cala en Feliu
Punta Caseteta
Talaia d'Albercutx
Platja Formentor
I. Formentor
Morral
Can Sigala
Can es Faro
Cala Pi de la Posada
el Caló
sa Fortaleza
Punta de la Avançada
Serra del Cavall Bernat
Punta Galera
Punta de Covas Blancas
Cala de Sant Vicenç
Punta Topina
Cala Castell
Cala Extremer
Cornavacas
Castell del Rei
Cala de Sant Vicenç
Los Encinares
Punta Beca
Cova de Sas Cabras
Punta de la Sal
Cala Sollerich
Figueretes
es Muscios de ses Cordes
Torre de Ariant
Ternellas
Sa Celda
Estrecho de Ternellas
Masot
Port de Pollença
el Vila
Gotmar
Badia de Pollença
Cala Volantina
Vall de Sant Vicenç
Serra de sa Font
Pont Roma
Puig de Calvari
Ermita de Roservell
Església de Templer
Ermita de la Mare de Déu del Puig
Torrent de Sant Jordi
Pollença
le Vall d'en Marc
Mortitxet
es Puig Caragoler
Femenies Vell
Montana
Mossa
Tomir
Son Alzines
Binifaldo
sa Moleta
Montes Manut
Aubarca
Lluc
Santuari de Monestir de Lluc
sa Batalla
Comafreda
Puig Ferrer
Serra de Tramuntana
Pas d'en Bisquerra
Puig d'es Ca
Axartell
Rafal de Casellas
es Rafal
Son Bruí
Son Ferrá
s' Almadraba
Albufereta
Camp de Mar
Platja de Cuarasa
Punta de Manresa
Roger Vermell
Castell de Manresa
Murallas de Alcúdia
Cala Sa Vall
Can Ribas
Bon Aire
Mal Pas
Talaia d'Alcúdia
Ermita de la Victoria
Punta Sabaté
Punta Negra
Sas Caletas
Punta Corrent
Cap Gros
Cala Sa Mare de Deu Listris
Cap de Pinar
Sas Salinas
Sas Pasteras
Cala Solana
Punta Solana
Cala d'es Clot
Platja d'es Coll Baix
Cap de Menorca
Alcúdia
Teatre Romà
Camp Bogordo
Alcanada
Port d'Alcúdia
Pueblo Español
Torre Major
sa Bassa Blanca
Punta de sa Vinya
I. de Alcanada
Barcelona
Ciutadella (Menorca)
Platja d'Alcúdia
Badia d'Alcúdia
es Grau
Llac Esperança
las Gaviotas
es Murtera
Can Pol
s'Oberta
Platjes de Mallorca
sa Punta des Vent
sa Roca
Parc Natural de s'Albufera
Platja de Muro
Cova de Sant Martí
Son Fé
Ermita Mina de Son Fé
Pico de Son Vila
Cretaix
Biniatro
Fangar
Puig d'es Fangar
Les Fonts Ufanes
Sant Miquel
Llibelli Gran
Mannaber Nou
Coves de Campanet
Son Claderа
Barracar
Finca Es Castell
Biniborа
Santiani
Campanet
Ullaró
Huerta de La Puebla
sa Pobla
Moscari
Búger
Caimari
Maçanella
Selva
Inca
Santa Maria
Puig de Inca
Ermita Santa Magdalena
Santa Magdalena
Son Vivot
sa Canova
Ermita de Sant Vincence
Vin Roma
Muro
Museu de Mallorca
Son Parera
Son Aloy
Verrisa
sa Boleda
Sta. Margalida
Son Mulet
Llubí
Ermita Remei
Hostal d'es Bou
s'Hort d'en Bordils
es Jornets
Son Llusia
Biniagual
Son Aloy
Talaiot de Son Fred
Gostitx
Museu
Sencelles
Cas Canar
Son Binifart
Sineu
Santuari de la Concepció
Mare de Déu dels Àngels
Estanqueta de Boix
Benasque
Lloret de Vista Alegre
Ariany
Mirador de sa Creu
Maria de la Salut
sa Font
Sa Sameniera
Montblanch
Son Guillot
Son Huguet
Can Ribotet
Rafalet Drach
sa Vall
Son Montserrat
es Morro
Cova de sa Mina
Cas Capellans
Platja de Santa Margerita
Cala S'Algo Dolca
Platja de Son Bauló
Can Trias
Can Picafort
Santa Eulalia
Son Baulo
Punta d'es Fenicis
I. d'en PORROS
Necròpolis Son Real
Punta d'es Patro
Son Real
Corral d'en Serra
sa Teulado
sa Tebiada
Punta Llarga
Cala Serralot
Serra Nova
Colònia de Son Serra
Punta de Pedacet
Son Serra de Marina
Son Mari
Son Boscanet
Can Veto
es Bosc Vell
sa Canova
Son Dobions
sa Cabanell Nou
ses Pastores
s'Almetlerar
Cap de Ferrutx
Punta Ferrutx
Talaia Moreia
Punta Trinquet d'es Moro
Cala Fosca
es Single
Cala de Penya Rotja
Farrayó de Aubarca
Platja de Font Salada
Punta dés Caló
es Caló
Punta d'es Barraca
Cala Mata
Betlem
Can Vicens
Cala d'en Sureda
Caló d'es Cans
Cala des Estret
Colònia de Sant Pere
Son Mascaró
Noberdeta
Ermita de Betlem
Can Monseriu
Can Esporso
Parc Natural de la Península de Llevant
Aubarca
Cala Matzocs
Cala Estreta
Cala Mitjana
Cala Torta
Punta del Buch
Cala Mesquida
Cap des Freu
Punta de Na Foguera
Cala Moltó
Cala Guyá
Can Moltó
Cala Rajada
Punta de Capdepera
Punta des Fara
Platja de Son Moll
Pedruscada
Cala Carregador
Punta del Carregador
Cala de sa Font
Punta del Fondal
Racó d'Estanté
Punta d'es Marás
Cova d'es Vells Marins
Racó d'en Massot
Coves d'Artà
Cap Vermell
Cala Canyamel
Cala Rotja
Cap d'es Pinar
Son Mesquida Nou
Collado d'es Castellats
Son Terrasa
Son Jaumell
Capdepera
Castell Capdepera
Son Fora
s'Heretat
Casa del Guardo
Son Febrer
Son Cavila
Can Caragol
Platja de Cànyamel
Torre de Canyamel
Costa de Canyamel
sa Costa des Pins
Port Vell
Caseria Port Nou
Port Verd
Son Servera
Son Sanchos
Son Morey
sa Duaya
es Recó
sa Vinysa
sa Coya
sa Colònia de St. Pere
Can Jaume
Ravena
Pocilgas
Son Sureda
Son Forteza
sa Campana
Son Fortunay
Son Morell
Artà
Santuari de Sant Salvador
Talaiot de ses Païsses
Son Sureda
s' Hort Mesquida
Can Lloret Redó
Torre d'es Vidrie
Can Cursal
Sauma Vell
sa Jordane
sa Coma Saquera
es Rafel d'Alcaix
es Rafalet
Cas Xiclati
Can Sopa
Carrosa
ses Fulles
Pou Colomé
Son Figuera
Son Lliunes
Ses Voltes
Son Mezquida
Can Busquets
Ses Casas Novas
Son Sureda Pobre
Bellver Rico
Cas Cuc
Serra d'Artà
Serra de Llevant
Ma10
Ma2203
Ma2200
Ma2220
Ma3460
Ma3470
Ma2130
Ma3420
Ma3433
Ma3421
Ma12
Ma2131
Ma13
Ma2114
Ma2112
Ma2130
Ma2110
Ma3500
Ma3440
Ma3441
Ma3410
Ma3431
Ma3413
Ma3400
Ma3430
Ma3442
Ma3120
Ma3512
Ma3520
Ma3340
Ma3511
Ma3510
Ma3241
Ma3240
Ma3121
Ma3011
Ma3140
Ma3301
Ma3300
Ma3330
Ma3331
Ma3322
Ma15
Ma4042
Ma4041
Ma4040
Ma4031
1
2
3
4
5
6
7
8
9
11
12
13
17
19
20
24
25
33

Stadt, Strand, Land

Mallorcas Nordosten bietet atemberaubende Landschaften, feinsandige Strände und die grünen Hügel des Parc Natural de Llevant auf der gleichnamigen Halbinsel. Wilde Küstenszenerien, mittelalterliche Städtchen und die Einsamkeit der Península de Llevant machen diesen Teil der Insel zu einem der abwechslungsreichsten.

Tipp

Übernachten im Kloster

Einige Kilometer südlich von Pollença liegt der **Puig de Santa María**. Auf den Berg führt ein 5 km langer Pilgerweg. Einen guten Teil der Wegstrecke kann man mit dem Auto zurücklegen, das letzte Stück muss man gehen. So erreicht man die Einsiedelei **Ermita de sa Madre de Déu** aus dem 14. Jh. Die letzten Mönche lebten hier bis Ende der 1990er-Jahre. Im Kloster gibt es ein kleines Restaurant und eine einfache, aber schöne Unterkunft.

INFORMATION
Carrer del Puig de María s/n, E-07460 Pollença, Tel. +34 9 71 18 41 32

1 Pollença

Der Reiz der Altstadt zog schon zu Beginn des 20. Jhs. viele Künstler an. Zur Künstlergruppe Escola Pollencina gehörten etwa der katalanische Jugendstilmaler Hermen Anglada i Camarasa und der mallorquinische Künstler Dionís Bennàssar sowie der Deutsche Hermann Sohn.

SEHENSWERT
Zentrum der Stadt ist die malerische **Plaça Major** mit ihren zahlreichen Cafés, Bars und Restaurants. An ihrer Westflanke erhebt sich die mächtige Pfarrkirche **Església Nostra Senyora dels Àngels**, eine Gründung der Templer mit schönen Deckengemälden. Sehr sehenswert ist auch der **Kalvarienberg** mit der kleinen Kapelle Oratori del Calvari.

MUSEEN
Einen Überblick über die Kunst Pollenças verschafft das im ehemaligen Dominikaner-Kloster Sant Domènech untergebrachte **Museo Municipal** (Guillem Cifre de Colonya s/n, www.ajpollenca.net, Juli–Sept. Di–Sa. 10.00–13.00 und 17.30–20.30, So. 10.00–13.00, übrige Monate 11.00–13.00 Uhr). Das **Museu Dionís Bennàssar** ist im ehemaligen Wohnhaus des postimpressionistischen Malers untergebracht (Calle Roca 14, www.dionisbennassar.es, Di. bis So. 10.30–19.00 Uhr, im Winter vorher anrufen, denn zwischen Nov. und März ist das Museum meist geschlossen, Tel. +34 9 71 53 09 97).

FESTE
Am ersten Augustwochenende findet in Pollença das Volksfest **Moros i Cristians** statt, bei dem die Kämpfe bei der Rückeroberung Spaniens durch die Christen nachgestellt werden. Klassische Musik steht beim **Festival de Pollença**, das seit 1962 jedes Jahr im Juli und August im Kreuzgang des Dominikaner-Klosters Sant Domènech abgehalten wird, auf dem Programm (www.festivalpollenca.org).

HOTEL
Das luxuriöse Design-Hotel **€€€€ Son Brull Hotel & Spa** (Carretera Palma-Pollença km 50, Tel. +34 9 71 53 53 53, www.sonbrull.com) ist in einem ehemaligen Kloster bei Pollença untergebracht. Weiträumige Zimmer mit viel Komfort.

RESTAURANT
Mitten im Zentrum von Pollença bietet das **€€€ Q11 Restaurant** (Carrer Antoni Maura 11, 07460 Pollença, Tel +34 971 53 02 39, www.q11restaurant.com) Fusion-Küche mit italienischen und mediterranen Elementen. Hier werden feine Gerichte wie Thunfisch-Tartar und norwegischer Kabeljau in Weißweinsoße in schönem Ambiente serviert, dazu gibt es beste Weine sowie einen eigenen Weinverkostungsladen.

UMGEBUNG
Badebuchten mit feinem Sand und glasklarem Wasser findet man 4 km nordöstl. in der ruhigen Touristensiedlung **Cala de Sant Vicenç**.

INFORMATION
OIT Pollença, Guillem Cifre de Colonya s/n, E-07460 Pollença, Tel. +34 9 71 53 50 77, www.pollensa.com

2 Port de Pollença

Die weite Bucht von Pollença ist ideal zum Windsurfen. In den Gassen des ehemaligen Fischerdorfs und heutigen Touristenzentrums spürt man noch die Atmosphäre, die schon in den 1930er-Jahren wohlhabende Briten anzog. Noch immer begeistern die feinen Sandstrände rund um den Ort und die schöne Promenade.

INFORMATION
OIT Port de Pollença, Passeig de Seralegui s/n, E-07470 Port de Pollença, Tel. +34 9 71 86 54 67, www.pollensa.com

3 Cap de Formentor

Die Fahrt zum **Cap de Formentor** TOPZIEL gehört zu den Höhepunkten eines Mallorca-Aufenthalts. Von Port de Pollença bis zum 1892 gebauten Leuchtturm Far de Formentor sind es

Die Strandpromenade in Port de Pollença gehört zu den schönsten der Insel.

Links oben: Natur und (von Hassan Fathy gestaltete) Architektur in der Fundación Yannick y Ben Jakober. Links unten: Abendstimmung in Cala Rajada. Unten: am Hafen in Port d'Alcúdia.

etwa 18 km über eine spektakuläre Serpentinenstraße. Unbedingt halten sollte man am Mirador Es Colomer. Der Blick über die Halbinsel von hier ist spektakulär. Noch besser ist der Blick vom Talaia d'Albercutx, einem ehemaligen Wachturm etwas oberhalb des Aussichtspunktes. Auf dem Weg zum Leuchtturm weisen links und rechts immer wieder Schilder zu den Badebuchten der Halbinsel. Der Abstieg ist teils abenteuerlich, dafür sind einige der Platjas (siehe S. 90) wie geschaffen für Robinsonaden.

4 Alcúdia

Als römische Siedlung Pollentia gegründet wurde die heute rund 20 000 Einwohner zählende Stadt bereits um das Jahr 70 v. Chr.; deren Mauern nutzten später maurische Eroberer als Steinbruch für ihre neue Stadt (aus „Al-Qudya", der Hügel, wurde der heutige Name).

SEHENSWERT

Die nachts stimmungsvoll beleuchtete, 6 m hohe, 2 m dicke sowie mehr als 1,5 km lange **Stadtmauer** umringt das Altstadtensemble, optische Höhepunkte sind die beiden Stadttore Sant Sebastià und Xara. Sehenswert ist auch die im neugotischen Stil errichtete Pfarrkirche **Església de Sant Jaume** am südwestlichen Rand der Altstadt. Außerhalb des Altstadtensembles liegt die **Ciutat Romana de Pollentia** mit den Überresten der römischen Siedlung.

MUSEEN

Weitere Ausgrabungsfunde präsentiert das **Museu Monogràfic** (Calle Sant Jaume 30, Di. bis Fr. 10.00–15.30, Sa./So. 10.30–13.30 Uhr). Moderne Kunst zeigt das **Museu Sa Bassa Blanca** der Fundación Yannick y Ben Jakober (Es Mal Pas s/n, Tel. www.fundacionjakober.org, Mo.–Mi., Fr., Sa. 10.00–18.00, Do. 10.00 bis 12.00 Uhr (Do. nur mit Reservierung, Tel. +34 9 00 77 70 00).

MARKT

Über die ganze Innenstadt verteilt findet hier sonntags einer der schönsten Inselmärkte statt.

UMGEBUNG

Ein lohnenswerter Abstecher zur **Ermita de la Victòria** auf der gleichnamigen Halbinsel führt die Küste entlang in nordöstlicher Richtung über eine Serpentinenstraße durch Pinienwälder. Der schöne Aussichtspunkt **Mirador de la Victòria** eignet sich hervorragend für einen Ausflug zum Sonnenuntergang. Hier gibt es auch ein idyllisch gelegenes Restaurant und einige einfache Zimmer (Camí de la Victòria s/n, E-07400 Alcùdia, Tel. +34 9 71 54 71 73, www.miradordelavictoria.com).

INFORMATION

OIT Alcúdia, Passeig Pere Ventanyol s/n, E-07400 Alcúdia, Tel. +34 9 71 54 90 22, www.alcudiamallorca.com

5 Port d'Alcúdia

Rund um das Touristenzentrum erstrecken sich Sandstrände von etwa 25 Kilometern Länge. Zwar hat der ehemalige Fischerort ein kleines, gewachsenes Zentrum, aber unmittelbar daneben liegen Dutzende Urlauberhotels, die vor allem von Familien und im Frühjahr von Radfahrern gebucht werden. Vom Hafen legen u. a. die Fähren nach Ciutadella auf Menorca ab.

AKTIVITÄTEN

Alle möglichen Freizeitsportarten werden angeboten, darunter Kissenbootfahrten, Surfen, Schnorcheln und Tauchen. Ein Highlight sind Segelausflüge entlang der Ostküste. Individuelle Touren bietet z. B. Alejandra's Llaut, Amarre 36, E-07400 Port d'Alcúdia, Tel. +34 9 71 6 61 76 05 60, www.alejandra-charter.com.

RESTAURANT

Ausschließlich mallorquinische Produkte, dazu traditionelle Rezepte und ein monatlich wechselndes Degustationsmenü: Das brachte den Geschwistern Daniel und Macarena de Castro mit ihrem Familienbetrieb €€€€ **Restaurante Jardín** (Tritones s/n, E-07410 Port d'Alcúdia, Tel. +34 9 71 89 23 91, www.restaurantejardin.com) einen Michelin-Stern ein. Hier passt wirklich alles!

HOTEL

Das einfache Ferienhotel €€ **Alcúdia Garden Aparthotel** (Avenida Platja 1, E-07400 Port d'Alcúdia, Tel. +34 9 71 06 63 00, www.gardenhotels.com/hoteles/alcudia-garden) wird von Radfahrern und Pauschalurlaubern geschätzt.

UMGEBUNG

In **Can Picafort**, ziemlich genau in der Mitte der Bucht von Alcúdia gelegen, ist man ganz auf Touristen eingestellt. Vor allem deutsche Pauschalurlauber verbringen hier gerne die schönsten Wochen des Jahres. Sieht man einmal vom schmucklosen Äußeren des Ortes ab, weiß man auch, warum so viele Besucher immer wieder gern hierher kommen: wegen der feinen, weitläufigen Sandstrände vor allem.

INFORMATION

OIT Port d'Alcúdia, Passeig Maritim s/n, E-07400 Alcúdia, Tel. +34 9 71 54 72 57, www.alcudiamallorca.com

Tipp

Wandern im Naturpark

Der 1646 Hektar große 8 **Parc Natural de s'Albufera de Mallorca** ist das größte Feuchtgebiet der Balearen. Im Winter werden die Kanäle und Seen von Süßwasser gespeist, das aus der Serra de Tramuntana herabfließt; im Sommer mit Salzwasser aus dem Meer. Hier leben etwa 500 Pflanzen-, mehr als 200 Vogel- und rund 50 Fischarten. Zudem gibt es Wasserschildkröten, Frösche, Kröten und Schlangen. Der überwiegende Teil des Parks ist in Privatbesitz, lässt sich aber gut zu Fuß oder mit dem Fahrrad erkunden. Es gibt auch vier Aussichtstürme, von denen man die Tiere in Ruhe beobachten kann.

INFORMATION

Zugang zum Feuchtgebiet erhält man über die Landstraße Ma-12 zwischen Alcúdia und Can Picafort. Im Informationszentrum Sa Roca (tgl. 9.00–16.00 Uhr) meldet man sich an und kann sich Ferngläser ausleihen. Der Eintritt in den Park ist frei.

6 Artà

Über dem mittelalterlichen Ortskern von Artà, dessen Häuser sich wie vor Jahrhunderten an einen Hügel schmiegen, thront die Wallfahrtskirche Sant Salvador. Die wehrhaften Stadthäuser verfügen teilweise über schöne Innenhöfe und kleine Gärten. In der Fußgängerzone gibt es viele gemütliche Straßencafés.

MUSEEN
Im **Regionalmuseum** sind Handwerks- und Gebrauchsgegenstände aus verschiedenen Jahrhunderten sowie bedeutende Funde aus der Talayot-Kultur (13.–2. Jh. v. Chr.) ausgestellt (Fundació Museu Regional d'Artà, Carrer Estel 4, E-07570 Artà, www.museuarta.com, Sommer Di.–Sa. 10.00–17.00, Winter nur bis 15.00 Uhr; So. und Fei. ganzj. 10.00–14.00 Uhr).

RESTAURANT
Die €€ **Finca Es Serral** (Carretera Cala Torta, Tel. +34 9 71 83 69 81, www.fincaesserral.com) an der Straße von Artà nach Cala Torta ist ein rustikales Restaurant mit köstlicher Küche.

HOTEL
Das charmante Stadthotel €€€ **Jardi d'Artà** (Carrer Abeurador 21, E-07570 Artà, Tel. +34 9 71 83 52 30, www.hotel-arta.com) liegt im historischen Zentrum.

UMGEBUNG
Eine faszinierende Welt aus Stalaktiten und Stalagmiten offenbart sich in den **Coves d'Artà** südöstl. der Stadt direkt an der Küste (Carretera de las Cuevas s/n, E-07589 Canyamel, https://cuevasdearta.com, April–Juni, Okt. 10.00–18.00, Juli–Sept. bis 19.00, Nov.–März bis 17.00 Uhr). Östl. von Son Real liegt **Ses Païsses**, eine von einer 5 m hohen Mauer aus Zyklopensteinen umgebene Siedlung des Talayotikums.

INFORMATION
OIT Artà, Calle Costa i Llobera s/n, E-07570 Artà, Tel. +34 9 71 83 69 81, www.artamallorca.travel/de

7 Cala Rajada und Capdepera

Cala Rajada zählt zu den Touristenhochburgen der Insel. Die Straßen rund um den bis heute von zahlreichen Fischern genutzten Hafen sind schachbrettartig angelegt. Mit der Fähre ist man in weniger als einer Stunde auf der Nachbarinsel Menorca. Capdepera, Cala Rajadas unmittelbarer Nachbarort, ist ein verschlafenes, relativ ursprünglich gebliebenes Nest mit kleinen Straßen und Gässchen. Perfekt erhalten: das Castell de Capdepera mit seiner begehbaren Wehrmauer (spektakulärer Blick!).

INFORMATIONEN
OIT Municipal de Cala Rajada y Capdepera, Via Mallorca 36, E-07590 Cala Rajada, Tel. +34 9 71 81 94 67, www.ajcapdepera.net

Genießen Erleben Erfahren

DuMont Aktiv

Im Zweirad-Paradies

Rund 1200 Kilometer geteerte Straßen durch malerische Landschaften und mehr als 100 000 Radtouristen im Jahr: Mallorca ist ein Dorado für Radsportler. Eine wunderschöne Tour für Einsteiger führt von Alcúdia im Inselosten über Muro bis nach Sineu.

Gerade Rennradfahrer schätzen Mallorca wegen seiner guten Infrastruktur und der landschaftlichen Vielfalt. Ungezählt sind die Kurven der Serra de Tramuntana, großartig die Ausblicke auf der Halbinsel Formentor, einsam die Straßen Zentralmallorcas.

Einer der idealen Standorte für Radfahrer ist die Bucht von Alcúdia. Die 63 Kilometer lange, mittelschwere Tour mit nur 400 Metern Höhendifferenz ist für Einsteiger oder einfach nur zum Aufwärmen. Sie führt unter anderem durch die malerischen Orte Sa Pobla, Muro und Llubi. Es geht über blühende Wiesen voller Klatschmohn und durch verwunschene Dörfer. Tipp: Wer am Mittwoch fährt, der sollte unbedingt einen Stopp in Sineu einlegen, denn dann findet in dem kleinen Landstädtchen einer der schönsten Märkte der Insel statt (siehe S. 101).

Mallorca on Bike

Wer sein eigenes Fahrrad nicht im Flugzeug transportieren möchte, der kann sich auf der Insel vielerorts Rennräder und Mountainbikes ausleihen, im Nordosten z. B. bei den Stationen von *Mallorca on Bike* (Tel. +34 6 32 48 77 21, www.mallorcaonbike.com) in Can Picafort und Port d'Alcúdia.

Schmale Buchten und einsame Strände

Mallorcas Osten ist ein Paradies für Wassersportfreunde. An der Küste locken tolle Badegelegenheiten, weite Ausblicke und Höhlenabenteuer. Ganz im Süden zeigt sich die Insel von ihrer einsamen Seite. Wer vor allem Ruhe sucht, wird hier glücklich.

Die Cala des Moro südwestlich von Santanyí ist ein Traum: Das türkise, glasklare Nass gleicht den Seychellen, und im sandigen Grund der Bucht können Skipper kleinerer Boote gut ankern.

Der Name des an der Südostküste gelegenen Orts Portocolom („Hafen des Kolumbus“) verweist auf den angeblich auf Mallorca geborenen Seefahrer und Entdecker. Um den (tatsächlich ungewissen) Geburtsorts des Cristoforo Colombo streiten sich Italien (Genua) und Spanien.

Rechts: Hafenidylle in Portocolom. Erstmals erwähnt wurde der Ort bereits im 13. Jh. – damals verschiffte man von hier aus die in Felanitx gekelterten Weine.

Unten: Nicht nur wie hier in Cala Millor, sondern vielfach auf Mallorca schleckt man heute vielfach statt Eiscreme lieber kalorienärmeren gefrorenen Joghurt.

Links: Sommer, Sonne, Urlaub – auch am Stadtstrand von Cala Millor lässt sich das Leben genießen.

S-förmig erstreckt sich die Cala Sa Nau, eine auch bei Tauchern und Skippern sehr beliebte Badebucht südlich von Portocolom.

„Man könnte meinen, die Natur habe sich bemüht, hier eine Sammlung erlesener Einzelstücke zu präsentieren, eine wahre Anthologie der Landschaften."

Miguel S. Oliver

Am Cap de ses Salines, Mallorcas südlichstem Punkt, schaukelt das Auto Kilometer um Kilometer an Feldern mit Mandel-, Oliven- und Johannisbrotbäumen vorbei, passiert mit Natursteinen eingefasste Äcker, bis sich plötzlich vor einem ein Tor verschließt. Dahinter thront wie auf einer Postkarte der Far des Cap de ses Salines. Fast meditativ wirkt das rot-weiße Antlitz des Leuchtturms an Mallorcas südlichster Spitze, und auch ohne das Meer zu sehen, spürt man, dass es hier nicht mehr weiter geht. Ein magischer Ort.

Gute Infrastruktur

Doch bevor man sich an den letzten Zipfel Mallorcas begibt, an dem sich die Insel ins Meer verabschiedet, gibt es noch jede Menge zu entdecken: Von der Touristenhochburg Cala Millor bis zum einsamen Cap de ses Salines begeistert Mallorcas Süden durch seine weiten Landschaften, herrlichen Badebuchten und gut entwickelten Badeorte. Im Abstand von maximal zehn Kilometern zum Meer verläuft die Küstenstraße in Richtung Santanyí und weiter nach Ses Salines. Immer wieder führen Abzweigungen in Richtung Osten an die Küste der Levante. Kleine und größere Touristenörtchen reihen sich hier eines neben dem anderen: Porto Cristo, Portocolom, Cala d'Or, Portopetro, Cala Figuera, Cala Llombards ...

Apropos Cala Figuera: Das Städtchen liegt nicht nur an einer, sondern gleich an zwei Buchten, denn der sich wie ein Finger ins Land schiebende Wasserarm, teilt sich nach einigen hundert Metern auf. An den steil in die Buchten Cala d'en Boira und Cala d'en Busquets abfallenden Ufern liegen Dutzende Fischer- und Kapitänshäuser. Im Wasser schaukeln kleine Llaüts. In der Bucht selbst kann man nicht so gut baden, aber an den teilweise paradiesischen Sandstränden der Umgebung. Auch die Infrastruktur ist ausgezeichnet – Tourismus gibt es hier schon seit der ersten Hälfte des 20. Jahrhunderts. Allerdings sind einige der Hotels heute doch schon etwas in die Jahre gekommen.

Unterirdische Märchenwelt

Südlich von Cala Figuera gibt es ein Naturphänomen zu bestaunen: das berühmte Felsentor Es Pontàs. Mehr als 15 Meter hoch erhebt sich der frei stehende Felsenbogen aus dem Meer. Und die Natur an Mallorcas Südostküste hat noch mehr Überraschungen zu bieten – über wie un-

Ein gut verstecktes Refugium ist die von keinen Bausünden verschandelte Cala Figuera bei Santanyí, deren Anwohner auch über die Bootsgaragen ihrer Häuser direkten Zugang zum Meer haben.

ter der Erde. Die Coves del Drac, die Drachenhöhlen bei Porto Cristo, gehören zu den spektakulärsten Höhlen Mallorcas, was bei einer derartigen Vielfalt – auf der Insel gibt es immerhin etwa 4000 Höhlen – schon etwas heißen will. Zwei Kilometer außerhalb von Porto Cristo erwartet den Besucher eine unterirdische Märchenwelt aus Stalaktiten und Stalagmiten. Die wohl schon zu römischer Zeit bekannten wurden 1896 von dem Franzosen Edouard Alfred Martel erforscht. Vom Eingang bis zum Ausgang messen sie 1200 Meter und sind bis zu 25 Meter tief. Während es im Sommer draußen glühend heiß ist, herrschen drinnen angenehme 21 Grad bei einer konstanten Luftfeuchtigkeit von 80 Prozent.

Gleich am Eingang erwartet den Besucher mit den *Baños de Diana*, den Bädern der Diana, ein erster unterirdischer See. Danach folgen die *Ciudad Encantada*, die bezaubernde Stadt, eine Tropfsteinformation von graziler Schönheit, und der *Monte Nevado*, eine nicht minder interessante Formation mit spiegelglatten Kalkflächen. Höhepunkt aber ist der *Llac Martel*, mit 177 Metern Länge und 30 Metern Breite einer der größten unterirdischen Seen der Erde. Während der etwa fünfzehnminütigen klassischen Konzerte, die für die Besucher auf dem See abgehalten werden, sitzen die Zuschauer völlig im Dunkeln. Wie aus dem Nichts tauchen dann von Kerzen beleuchtete Boote auf, auf denen Musiker sitzen und kurze Stücke aus den Werken von Frédéric Chopin und Jacques Offenbach zum Besten geben.

Im äußersten Süden gibt es keine Bettenburgen und Hotelbunker. Eigentlich ein Wunder.

Idylle mit ein paar Schrammen

Wer von den Drachenhöhlen und Porto Cristo weiter in Richtung Süden fährt, der rollt durch einsame Landstriche. Hier hat der Tourismus keinen oder nur geringen Schaden angerichtet – mit einer Ausnahme vielleicht: der Gegend um Cala d'Or. Dieser Ort gehörte in den 1930er-Jahren zu den ersten Plätzen auf der Insel, die für den Tourismus erschlossen wurden. Architekt Josep Costa Ferrer, der Herkunft nach aus Ibiza, hat hier generalstabsmäßig so etwas wie ein kleines Abbild seiner Heimat geschaffen. Die maximal drei Stockwerke hohen, kubusförmigen Villen liegen versteckt in Hainen aus Aleppo-Kiefern. In den 1950er- und 1960er-Jahren muss es hier sehr idyllisch gewesen sein. In den 1990er-Jahren kamen immer mehr Häuser hinzu, darunter auch einige nicht sehr ansehnliche. Und doch ist selbst Cala d'Or immer noch schöner als so manches touristische Retortendorf anderswo auf der Insel.

Rollt man von hier weiter in Richtung Süden, findet man irgendwann nur noch Stille. Hier gibt es keine großen Touristensiedlungen, keine Bettenburgen und Hotelbunker. Das ist eigentlich ein Wunder, denn wer über die gut geteerten Straßen rollt, der trifft hier auf Mallorca-Idylle pur. Die einsamen Sträßchen rund um Santanyí, Ses Salines und Campos sind auch im Sommer nicht überfüllt.

Auf dem Wochenmarkt in Santanyí bleiben die Einheimischen weitgehend unter sich.

Mittwochs und samstags ist Markt in Santanyí. An dem reichen Angebot kann man sich kaum sattsehen.

Die andere Seite des Paradieses? Die Cala S'Almunia bei Santanyí ist die Nachbarbucht der Cala des Moro und lädt wie diese zum Schwimmen und Schnorcheln ein.

Wie ein Fjord erstreckt sich die Cala Pi westlich von Ses Salines ins Meer

Die Wüste lebt – auch wenn es sich hier nur um Kakteen im Botanischen Garten bei Ses Salines handelt.

In den Salinen von Es Trenc: Mit Baggern wird die dicke Salzkruste abgetragen und dann zu großen Haufen aufgeschichtet.

Special

Salines de Llevant bei Es Trenc

Das weiße Gold der Salinen

In den mehr als 200 Verdunstungsbecken der Salines de Llevant werden jährlich über 10 000 Tonnen Tafelsalz gewonnen – darunter auch einige Tonnen des Feinschmecker-Salzes flor de sal. Bei der Salzernte kann man sogar zusehen.

Meersalz von höchster Qualität …

„Salz essen wir jeden Tag, deshalb sollte es von höchster Qualität sein“, sagt Laura Calvo. Sie steht an einem Becken von vielleicht sechs mal acht Metern und halt einen Berg Salzkristalle in der Hand.

Die Sonne scheint, das Salz funkelt im Gegenlicht. Calvo hat es soeben mit dem Rechen von der Wasseroberfläche abgeschöpft. „Noch ist es nicht fertig, aber im August ist Erntezeit. Geerntet wird nur an heißen Tagen mit wenig Wind.“

Calvo muss es wissen, denn sie arbeitet seit mehr als zehn Jahren für die Salines de Llevant ganz im Süden Mallorcas. Schon seit mehr als 60 Jahren wird dort auf einer Fläche von 135 Hektar Meersalz abgebaut.

In den vergangenen Jahren hat sich vor allem das Gourmet-Salz zum Verkaufsschlager entwickelt. Während ein Kilo Meersalz nur einige Cent kostet, kommt man beim *flor de sal* auf knapp 10 € für 180 Gramm.

Hier schaukelt man gemütlich zwischen riesigen Fincas hindurch. Selbst an Mallorcas Traumstrand Es Trenc, einer sieben Kilometer langen Robinsonade aus weißen Dünen und türkisfarbenem Meer, geht es vergleichsweise beschaulich zu. Am Strand liegen die Handtücher weit voneinander entfernt, im Wasser stößt man nicht alle paar Sekunden mit anderen Badegästen zusammen wie an der weniger als eine Dreiviertelstunde mit dem Auto entfernten Platja de Palma.

Einsames Insel-Ende

Nun gerade so richtig in Stimmung gekommen, möchte man ewig im Auto durch die einsamen Landschaften des Südens schweben. Hier ist Mallorca noch ein bisschen so, wie es vielleicht einmal war. Sogar die Sonne scheint hier heller als anderswo zu strahlen – und das liegt nicht nur am gleißenden Weiß der nahen Salinen. Doch irgendwann hat auch die schönste Autofahrt ein Ende. Wer zwischen Santanyí und Ses Salines nach etwa zwei Dritteln der Strecke links in Richtung Süden abbiegt, für den geht es irgendwann nicht mehr weiter, denn dann trifft er auf das eingangs erwähnte Cap de ses Salines mit seinem Leuchtturm. Eine angenehme Begegnung am einsamsten Ende der Insel. Dahinter wartet dann nur noch das Meer.

Die schönsten Strände

Jede Bucht 'ne Wucht

Mehr als 550 Kilometer Küstenlinie und 179 Strände – Mallorca ist ein Badeparadies par excellence. Wir stellen Ihnen hier die schönsten Strand-Alternativen abseits der überlaufenen und weniger dem Sonnenbaden als dem Feiervergnügen dienenden Party-Strände von Palma, S'Arenal und Magaluf vor – mal wild-romantisch, mal karibisch-paradiesisch.

10

1

1 Es Trenc

Vor einigen Jahren war der Strand von Es Trenc in Mallorcas Süden noch ein Geheimtipp. Heute ist er im Sommer gut gefüllt. Aber zu den schönsten Stränden der Insel gehört die von Kiefern und Dünen eingerahmte, strahlend weiße und sieben Kilometer lange Sandbucht immer noch. Bis heute ist Es Trenc auch einer der wenigen langen Naturstrände der Insel.

Tipp: Beim Parkplatz nahe an den Salinen gibt es eine kleine Strandbude mit leckeren Fisch- und Fleischgerichten.

2 Cala Pi

Die Cala Pi ist eine echte Strandschönheit. Klar, dass das gerade im Sommer auch vielen Touristen bekannt ist. Aber die türkisfarbene, schmale Sandbucht 17 Kilometer von Llucmajor liegt so spektakulär zwischen 30 Meter hohen Felsen und Kiefern, dass das glatt egal ist. Der Strand ist kaum 50 Meter breit, aber das Wasser glasklar.

Oberhalb des Strandes gibt es einige schöne Restaurants mit Blick auf die Bucht.

3 Cala Llombards

An kaum einem andern Ort Mallorcas ist das Wasser so klar wie in der Cala Llombards bei Santanyí. Und kaum ein Strand ist so abgelegen wie dieser. Dennoch ist es im Hochsommer hier nicht gerade leer. Das liegt schlichtweg an der Schönheit des Sandstrandes und an der Klarheit des Wassers.

Von Mai bis Oktober hat eine gemütliche Strandkneipe geöffnet – auch für Verpflegung ist also gesorgt.

4 Cala Mondragó

Die kristallklare Doppelbucht von Mondragó liegt neun Kilometer östlich von Santanyí versteckt zwischen Aleppo-Kiefern. Wer hierherkommen will, der muss durch den gleichnamigen Mondragó-Naturpark fahren. Am Ende des Parks hat die Natur zwei herrliche Strände geschaffen: die belebte Playa Ses Fonts de n' Alís mit feinem Sand und einer kleinen Bar sowie die noch naturbelassene Playa S'Amarador.

Ein zementierter Weg am Hochufer verbindet die beiden Traumstrände.

5 Platja des Caragol

Der „Schnecken-Strand" nahe dem Cap de ses Salines zieht Badegäste durch seine lange, unverbaute Küstenlinie in den Bann. Die Bucht wird von einem riesigen Pinienwald eingerahmt. Der Strand liegt etwa acht Kilometer südlich von Ses Salines und einen Kilometer westlich des Leuchtturms.

Weil das Land dahinter in privater Hand ist, lässt man sein Auto am besten an der Ma-6100 stehen und folgt dem Küstenwanderweg etwa 1,5 Kilometer, bis man zum Strand gelangt.

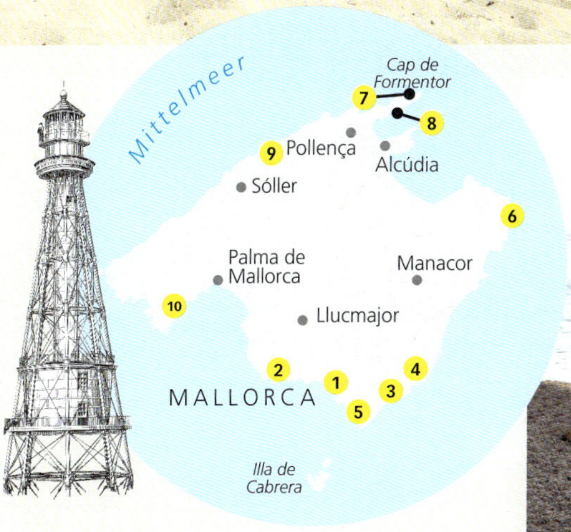

6 Cala Agulla

Rund 600 Meter feiner Sandstrand, türkisblaues Wasser, dahinter nichts als Kiefernwald: Die Cala Agulla gehört zu den schönsten Stränden im Nordosten Mallorcas. Der Strand fällt flach ins Wasser ab, sodass er auch perfekt für Familien geeignet ist. Wem es hier im Sommer zu voll ist, der kann über einen schönen Küstenwanderweg durch das 1991 ins Leben gerufene Naturschutzgebiet weiter zur etwas kleineren (und steinigeren) Cala Moltó und von dort weiter zur ebenfalls feinsandigen Cala Mesquida wandern.

Am Strand befinden sich ein einfaches Restaurant und einige kleine Strandbuden, in denen kühle Getränke serviert werden.

7 Cala Figuera

Die abgelegene (nicht mit dem gleichnamigen Ferienort im Südosten zu verwechselnde) Cala Figuera an der Landstraße Ma-221 von Pollença auf die Formentor-Halbinsel ist ein wildromantisches Abenteuer. Sie liegt zwischen den Kaps Formentor und Catalunya zwischen riesigen Felsen. Etwa 10,5 Kilometer hinter Pollença biegt links eine Schotterpiste ab, auf der man am besten seinen Wagen parkt.

Bis zum Strand ist es dann noch etwa ein Kilometer Fußmarsch. Das Wasser hat kaum irgendwo auf der Insel ein so knalliges Türkis wie hier.

8 Platja de Formentor

Winston Churchill war hier, John Wayne – auch Michael Douglas wohnte schon im feinen Hotel Formentor. Und vermutlich genossen sie alle auch ein Bad im kristallklaren Wasser der Platja de Formentor. Der Duft Hunderter Pinien, der strahlend weiße Sand und das fast durchsichtige Wasser, das jedes auch noch so kleine Sandkorn am Boden sehen lässt, hat noch jeden entzückt.

Den Strand erreicht man über die Ma-2210 von Pollença aus kommend über den Abzweig bei Kilometer sieben.

9 Cala Sa Calobra

Die Cala Sa Calobra ist eine der wildesten und schönsten Buchten Mallorcas. Schon die zwölf Kilometer lange Anfahrt über die Serpentinenstraße von Escorca aus ist einzigartig. Am Ende wartet ein kaum 30 Meter breiter Kiesstrand zwischen 200 Meter hohen Felstürmen. Wer durch den Fußgängertunnel weiter nach Sa Calobra spaziert, der findet einen weiteren traumhaften Kiesstrand.

Hier gibt es auch einige Ausflugsrestaurants. Die ruhigeren (und besseren) sind die, die nicht direkt an der Fußgängerpassage liegen.

10 Cala de Portals Vells

Ein paar Kiefern, ein paar Felsen und dazwischen ein traumhafter Sandstrand: Auch wenn sich im Inselwesten die meisten eher für Jachten und Champagner interessieren, gibt es auch hier traumhafte Buchten. Nur an wenigen Stränden Mallorcas ist der Sand so herrlich weiß wie an der Platja de Portals Vells. Der Strand fällt unmerklich in das karibisch anmutende Wasser ab.

Im Chiringuito werden knackige Salate, frischer Fisch und Fleisch serviert.

Es Pla
Serra de Llevant
Manacor
Felanitx
Santanyí
Campos
Llucmajor
Porreres
Montuïri
Algaida
Vilafranca de Bonany
Sant Joan
Sant Llorenç des Cardassar
Porto Cristo
Portocolom
Cala d'Or
Cala Millor
Colònia Sant Jordi
ses Salines
Punta de n'Amer
Coves del Drac
Coves dels Hams
Es Trenc
Salines de Llevant
Banyos de Sant Joan
Parc Natural de Mondragó
Cala Figuera
Cala Llombards
Cala Santanyí
Puig de Randa
Serra de Montissión
Castell de Santueri
Santuari de Sant Salvador
Parc Nacional de l'Arxipèlag de Cabrera
I. Cabrera
Sa Conillera
Colònia Sant Jordi
Cabrera
Maßstab 1:200.000
0
2
4km

Sommer, Sonne, Salz

Je weiter man im Osten Mallorcas in Richtung Süden fährt, desto trockener wird das flache und weite Land – und immer heißer. Glücklicherweise laden zahlreiche Fjorde mit malerischen Buchten zum Baden im fast karibisch türkisfarbenen Meer ein.

1 Cala Millor

Die „bessere Bucht" (Cala Millor) ist mit der guten Bucht (Cala Bona) zu einem riesigen Touristenort verschmolzen, die (autofreie) Promenade beider Orte an einem Stück zu begehen.

UMGEBUNG
Die ältesten Zeugnisse der an der Westseite durch eine Zyklopenmauer begrenzten **talaiotischen Siedlung von S'Illot** werden auf das Jahr um 1100 v. Chr. datiert. Ein ausgeschilderter Rundweg führt durch die Ausgrabungsstätte.

INFORMATION
OIT Cala Millor, Plaça Eureka, E-07560 Cala Millor, Tel. +34 9 71 58 58 64, www.visitcalamillor.com

2 Porto Cristo

Schon die Römer ankerten in der tief eingeschnitteten Bucht von Porto Cristo. Heute schaukeln an den Molen des einstigen Fischer- und heutigen Touristenorts viele Segel- und Motorjachten.

SEHENSWERT
Berühmt ist der Ort vor allem für die nahen **Coves del Drac** TOPZIEL (Carretera Cuevas s/n, E-07680 Porto Cristo, Tel. +34 9 71 82 07 53, www.cuevasdeldrach.com, April–Okt. tgl. 10.00 bis 17.00, Nov.–März 10.45–15.30 Uhr), die zu den spektakulärsten Tropfsteinhöhlen Europas zählen. Auf dem unterirdischen Martel-See findet bei jedem Besuch ein etwa 15-minütiges klassisches Konzert statt. Danach können sich Besucher entweder im Boot über den See in Richtung Ausgang fahren lassen – oder sie spazieren über eine Brücke und steigen dann über eine Treppe zurück ans Tageslicht.

UMGEBUNG
Im knapp 5 km nordöstl. gelegenen **Safari-Zoo** lassen sich frei laufende Affen, Flamingos, Gazellen, Gnus, Giraffen, Nashörner, Zebras und viele andere exotische Tiere bestaunen. Die Besucher fahren entweder mit dem eigenen Wagen über eine 3 km lange Strecke durch den Park oder mit dem Safari-Zug (Carretera Porto Cristo-Son Servera km 5, www.safari-zoo.com, Sommer tgl. 9.30–18.30, Winter 10.00–16.00 Uhr).

Oben: im Naturhafen von Portocolom. Rechts oben: Perlengeschäft in Porto Cristo. Darunter: faszinierende Unterwelt der Coves del Drac.

INFORMATION
OIT Porto Cristo, Plaça de l´Aljub s/n, E-07680 Porto Cristo, Tel. +34 6 62 35 08 82, www.visitmanacor.com

3 Portocolom

Im ehemaligen Hafen von Felanitx, 10 km weiter südostl. an der Küste gelegen, sieht man immer noch gelegentlich Fischer ihre Netze flicken, doch auch hier ist der Tourismus längst die Haupteinnahmequelle. Zum Glück blieb das alte Ortsbild weitgehend unverbaut, selbst die modernen Häuser fügen sich gut in die Architektur ein. Rund um den Hafen, dessen immer ruhiges Wasser für eine entspannte Atmosphäre sorgt, gibt es einige schöne und auch nicht so teure Fischrestaurants.

RESTAURANT
Im €€€€ **Colón** (Cristobal Colón 7, E-07670 Portocolom, Tel. +34 9 71 82 47 83, www.restaurante-colon.com) serviert der österreichische Spitzenkoch Dieter Sögner in stilvollem Ambiente gehobene Küche mit regionalen Zutaten, beispielsweise Avocado-Mango-Tatar mit Jakobsmuscheln und pochierten Wildsteinbutt auf Orangen-Fenchel-Salat.

HOTEL
Das € **Sport-Hotel Bahia Azul** (Rda. Miquel Massuti Alzamora 77, E-07670 Portocolom, Tel. +34 9 71 85 52 80, www.bahia-azul.de) liegt direkt in der Bucht von Portocolom. Ihm angeschlossen ist die hauseigene Tauchbasis East Coast Divers. Die 15 Zimmer sind einfach, aber klimatisiert.

INFORMATION
OIT Portocolom/Felanitx, Avenida Cala Marçal 15, E-07670 Portocolom, Tel. +34 9 71 82 60 84, www.visitfelanitx.es

4 Cala d'Or

Das – dereinst auf dem Reißbrett entworfene – 4000-Einwohner-Städtchen Cala d'Or ist einer der ältesten Ferienorte auf Mallorca. Typisch für ihn sind die flachen, weiß gekalkten Villen; dazwischen sorgen immer wieder kleine Kiefernhaine für grüne Einsprengsel. Das Zentrum mit seinen Boutiquen, Geschäften und Restaurants gruppiert sich rund um den Hafen.

SEHENSWERT
Einzige wirkliche Sehenswürdigkeit ist die schön restaurierte Festung **Es Forti** aus dem 18. Jh. Von oben bietet sich ein toller Blick über die Stadt und die umliegenden Buchten.

UMGEBUNG
Die wildromantische **Cala Sa Nau** zwischen Cala d'Or und Portocolom gehört zu den schönsten Badebuchten im Inselosten. In einem Chiringuito (einer Art Strandbar) kommen einfache, frisch zubereitete Gerichte auf den Tisch.

INFORMATION
OIT Santanyí/Cala d'Or,
Perico Pomar 10, E-07660 Cala d'Or,
Tel. +34 9 71 65 74 63,
www.ajSantanyi.net

5 Santanyí

Die Gemeinde (11 300 Einw.) ist der lebendigste Ort im Südosten der Insel. Mit seinen zahlreichen Cafés, Bars, Restaurants und Boutiquen entwickelte er sich in den letzten Jahren zu einem kleinen Besuchermagneten. Typisch für Santanyí sind die Häuser aus dem sandgelben Marès-Stein, der unter anderem auch für den Bau der Kathedrale in Palma und der dortigen Handelsbörse La Lonja verwendet wurde.

Tipp

Naturparadies

Ein riesiger Kiefernhain, goldgelber Sand und eine türkisfarbene Bucht: Die Doppelbucht Cala Mondragó südwestl. von Cala d'Or mit den schönen Stränden S'Amarador und Ses Fonts de n'Alis ist nur einer von vielen attraktiven Schauplätzen im **Parc Natural Mondragó**. Die pittoreske Landschaft, die Mallorcas größten Fjord umgibt, besteht aus einem Mosaik aus Kiefern- und Eichenwäldern, in denen rund 70 Vogelarten leben und viele Wildblumen wachsen, sich Felsen erheben und Sandbuchten flach ins Meer abfallen. Bevor die Landschaft unter Naturschutz gestellt wurde, gab es hier zwei Hotels. Diese existieren bis heute. Es werden auch geführte Wanderungen angeboten.

INFORMATION
Centre d'Informació
Parc Natural Mondragó, Carretera
Cala Mondragó, Ses Fonts de n'Alis,
Tel. +34 9 71 18 10 22

Oben: Strandleben in der Cala Sa Nau zwischen Portocolom und Cala d'Or. Links: auf dem Wochenmarkt in Santanyí.

SEHENSWERT
Einen Besuch wert ist die **Pfarrkirche Sant Andreu Apòstol** aus dem 18. Jh. mit der Rosenkranzkapelle Capella del Roser und der Orgel (1762) von Jordi Bosch. Sie verfügt über zwei Manuale und 40 Register. Ein beliebtes Fotomotiv ist auch das alte Stadttor **Porta Murada** an der ab dem 14. Jh. zum Schutz vor Piraten angelegten Stadtmauer.

EINKAUFEN
Jeden Mittwoch und Samstag von 8.00 bis 13.30 Uhr findet nahe der Pfarrkirche der überregional bekannte Wochenmarkt statt. Mit rund 150 Verkaufsständen und einem riesigen Angebot an Gemüse, Eiern, Wurst, Käse und Meersalz aus den nahen Salinen gehört er zu den attraktivsten Märkten der Insel.

RESTAURANT
Ausgefallene Tapas-Kreationen (mit Orangen gegarter Kabeljau), raffinierte Hauptgerichte (Schweinebäckchen in Sobrassada-Honigsoße) und Desserts wie der hausgemachte *flan casero* schmecken im malerisch am Marktplatz gelegenen €€€ **Año 1849** (Plaça Mayor 22, E-07650 Santanyí, Tel. +34 9 71 65 38 23, www.1849.es) ganz ausgezeichnet.

HOTEL
Das liebevoll eingerichtete €€ **Hotel Santanyí** (Plaça Constitució 7, E-07650 Santanyí, Tel. +34 9 71 64 22 14, www.hotel-santanyi.com) befindet sich ebenfalls direkt am Marktplatz von Santanyí. Die Junior-Suite und die sechs Zimmer sind stilvoll eingerichtet. Zu ihm gehört auch das Restaurant No. 7 mit exzellenter internationaler Küche.
Dass ein einfaches Hotel durchaus großartig sein kann, beweist das €€ **Playa Mondragó** (Caló Fonts de n'Alis, E-07691 Santanyí, Tel. +34 9 71 65 77 52, www.playamondrago.com) am Strand Caló Fonts de n'Alis im Naturpark Mondragó. Die Lage am Strand ist fantastisch, die Wanderwege des Naturparks sind nah. Und das alles gibt's für verhältnismäßig wenig Geld.

UMGEBUNG
Zum Baden (ver)lockt südl. an der Küste die **Cala Llombards** (siehe Favoriten S. 90).

INFORMATION
OIT Santanyí/Cala d'Or, Perico Pomar 10, E-07660 Cala d'Or, Tel. +34 9 71 65 74 63, www.ajSantanyi.net

6 Colònia de Sant Jordi

Die 2900-Einwohner-Gemeinde hat einen kleinen Hafen, eine Promenade mit einigen gemütlichen Kneipen und einen feinsandigen Strand. Vom Hafen setzen Ausflugsboote zum 13 km vor der Küste gelegenen 8 **Cabrera-Nationalpark** TOPZIEL über (siehe DuMont Aktiv, rechte Seite).

SEHENSWERT
Das Besucherzentrum **Centro de Visitantes Parque Nacional de Cabrera** (Calle Gabriel Roca s/n, E-07638 Colònia de Sant Jordi, www.cvcabrera.es, tgl. 10.00–14.00 und 15.00–18.00, Juni–Sept. 10.00–19.00 Uhr) informiert über die Flora und Fauna im einzigen Nationalpark der Balearen. Hauptattraktion ist ein riesiges Meerwasser-Aquarium.

UMGEBUNG
Capocorb Vell (23 km westl.) gilt als die bedeutendste Talayot-Siedlung im westlichen Mittelmeer. Sie wurde wohl bis ins 3. oder 4. Jh. hinein bewohnt (Fr.–Mi. 10.00–17.00 Uhr).

INFORMATION
Centre d'Informació Turística Colònia de Sant Jordi/Ses Salines, Esplanada del Puerto s/n, E-07638 Colònia de Sant Jordi,
Tel. +34 9 71 65 60 73,www.ajsessalines.net

Tipp

Heilige Quelle

Auf dem Weg zu den Salines de Llevant liegt die einzige Heilquelle Mallorcas. Die **Font Santa**, die „heilige Quelle“, sprudelt hier schon seit Menschengedenken. Bereits die Römer badeten hier, seit 1845 wird sie offiziell als Thermalbad genutzt. Das 38 Grad warme Wasser findet bei Rheuma und Hauterkrankungen Anwendung. Dem heilendes Nass verdankt der Ort auch das Fünf-Sterne-Hotel „Font Santa Thermal Spa and Wellness“.

INFORMATION
Carretera Campos-Colònia de Sant Jordi km 8,2, Tel. +34 9 71 65 50 16, www.fontsantahotel.com

7 Ses Salines

Der Salzgewinnung in den nahen Salinen verdankt das aus wenig mehr als einer Kirche und ein paar Dutzend Häusern bestehende Örtchen seinen Namen. Die wehrhaften Mauern sollten den Ort einst vor Piraten schützen.

SEHENSWERT
Sich hoch auftürmende Salzhaufen, dazu Hunderte riesiger Salzbecken und ein kleiner Laden: Die **Salines de Llevant** sind die Hauptattraktion von Ses Salines. Sie können auch besichtigt werden (siehe DuMont Special S. 89).

UMGEBUNG
Nordöstlich vor den Toren von Ses Salines liegt der **Botanicactus**, der größte Botanische Garten der Balearen. Auf dem rund 50 000 m² großen Areal wachsen etwa 400 Pflanzenarten, darunter allerlei tropische Pflanzen wie Palmen- und Bambus- sowie 12 verschiedene Kakteen-Arten (Carretera Ses Salines-Syantanyí km 1, Tel. +34 9 71 64 94 94, www.botanicactus. com, Jan./Feb. tgl. 10.30–16.30, März 9.30–18.30, April–Aug 9.00–19.30, Sept./Okt. 9.00–19.00, Nov./Dez. 10.30–16.30 Uhr). Wer wissen will, wie das südliche Ende von Mallorca aussieht, der biegt auf der Straße von Ses Salines in Richtung Santanyí nach 2,5 km auf die Ma-6110 nach Süden ab und von dort etwa 10 km zum 1863 erbauten **Leuchtturm von Ses Salines**. Eine knappe halbe Autostunde westlich von Ses Salines erstreckt sich mit der **Cala Pi** (siehe Favoriten S. 90) einer der schönsten Strände der Insel. Die tief eingeschnittene, türkisfarbene Sandbucht liegt spektakulär zwischen 30 Meter hohen Felsen.

INFORMATION
Centre d’Informació Turística Colònia de Sant Jordi/Ses Salines, Esplanada del Puerto s/n, E-07638 Colònia de Sant Jordi, Tel. +34 9 71 65 60 73, www.ajsessalines.net

Genießen   Erleben   Erfahren

DuMont Aktiv

Im Boot ins Insel-Glück

Ein Besuch auf dem 8 Cabrera-Archipel, dem einzigen Nationalpark der Balearen, ist ein großartiges Erlebnis. Oben von der Burg aus dem 14. Jh. hat man den schönsten Blick über Cabrera. Im Hafen schaukeln einige Boote, die Fassaden der wenigen Häuser, die sich um das Hafenbecken scharen, strahlen weiß. Dahinter liegen karge Kuppen, sonst sieht man nichts als das tiefe Blau des Mittelmeeres.

Die Insel Cabrera und ihre 17 Nachbareilande werden neben Mallorca, Menorca, Ibiza und Formentera gerne als die „fünfte Baleareninsel“ bezeichnet. Geologisch gehört der Archipel zu Mallorca. Vor etwa 12 000 Jahren wurden die Inseln getrennt. Schon die Phönizier steuerten Cabrera an, später die Römer. Im 14. Jahrhundert baute die Krone Aragons die Burg zum Schutz vor Piratenüberfällen.

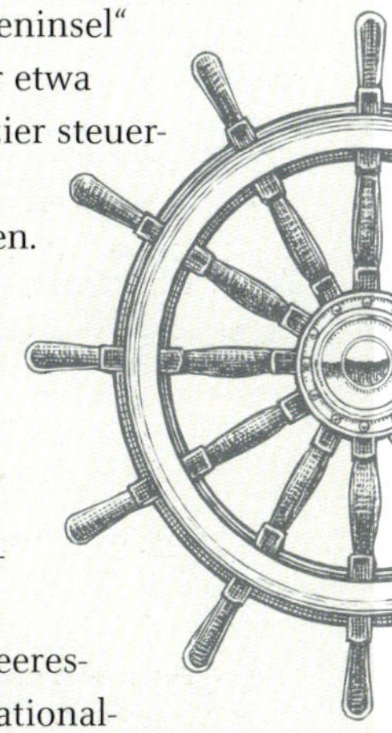

Wer heute in weniger als einer Stunde von Colònia de Sant Jordi mit einem der Ausflugsboote übersetzt, der fühlt sich wie in einer anderen Welt. Cabrera ist ein Idyll. Nur ein paar struppige Büsche wachsen auf den karstigen Kuppen. Doch im Meer um die Insel finden sich riesige Seegraswiesen, seltene Algen- und Korallenarten, die Gewässer sind die Heimat von Zackenbarschen, Bärenkrebsen und Meeresschildkröten. Auch deshalb wurde der Archipel 1991 zum Nationalpark erklärt. Im Jahr 2014 hat die Balearen-Regierung eine Herberge für 24 Gäste eröffnet. Seitdem können Besucher auf der Insel auch übernachten und wandern, staunen oder einfach nur kommen, um ein Bier in der Cantina zu genießen.

Weitere Informationen

Mar Cabrera (www.marcabrera.com) und Excursions a Cabrera (www.excursionsacabrera.es) bieten Tagestouren nach Cabrera an. Bei Mar Cabrera kostet ein 6-stündiger Ausflug ab 40 € für Erw. und 25 € für Kinder. In der staatlichen Herberge gibt es 12 einfache Doppelzimmer. Eine Übernachtung kostet 52 € (Feb.–Mai u. Okt. bis Nov.) bzw. 62 € (Juni–Sept.). Im Sommer ist der Aufenthalt auf eine Nacht beschränkt, im Frühjahr und Herbst auf zwei. Von November bis März ist die Herberge geschlossen. Buchung: Centro de Visitantes Parque Nacional de Cabrera, Calle Gabriel Roca s/n, E-07638 Colònia de Sant Jordi, Tel. +34 9 71 65 62 82, www.cvcabrera.es

Mallorcas Kornkammer

Einst war Zentralmallorca die Kornkammer der Insel. Dann setzte die Landflucht ein. Heute besinnen sich viele Bauern auf ihre alten Traditionen und bauen Mandeln, Oliven, Wein sowie andere einheimische Produkte an – viele davon nach ökologischen Vorgaben.

Landgut bei Algaida: Im Gegensatz zu den Küstenregionen spielt im Inselinneren der Tourismus bislang nur eine Nebenrolle.

Auf einem Feld bei Campos findet man das alte Mallorca noch: Über einem stoppeligen Acker erheben sich die Schwingen einer Windmühle. Links und rechts ziehen Natursteinmauern gerade Linien, dazwischen liegen riesige Strohballen. Ein paar Schafe blöken. Lässt man den Blick kreisen, leuchtet überall das Grün der Oliven- und Mandelbäume, darunter sieht man wie impressionistische Tupfer Tausende roter Blüten. Mallorcas Inselmitte ist berühmt für seine *amapolas*, den Klatschmohn – so üppig wie hier wächst er nirgendwo auf der Insel. Ganze Felder sind ab dem Frühjahr mit Blüten übersät.

Die Schönheit des Inselinneren

Machen wir uns nichts vor: Das Leben ist auch auf Mallorcas „Land" nicht mehr so wie vor 50 oder 70 Jahren, sondern das Inselinnere längst bestens erschlossen. Es gibt perfekt ausgestattete Hotels und Fincas zur Miete, gibt ausgezeichnete Landstraßen und sorgsam ausgeschilderte Wanderwege. Aber es gibt sie

„Ein schönes Land für einen langen Lebensabend!" Miguel de Unamuno

auch noch, die kleinen Fluchten, die Orte ohne Verkehr, die verträumten Plätze mit urigen Dorfkneipen. Es gibt sie noch die einsamen Felder, auf denen die Bauern ihr Vieh zwischen den Bäumen weiden lassen, und auch die Windmühlen, mit denen die *campesinos* von einst das Wasser hochpumpten, um ihre Felder zu bewässern. Die meisten werden heute nicht mehr benutzt, um Wasser zutage zu befördern. Viele wurden jedoch restauriert und schmücken die Landschaft ohne jegliche Funktion – außer, dass sie einfach schön sind.

Der spanische Dichterphilosoph Miguel de Unamuno, der im Jahr 1906 Mallorca besuchte, meinte: „In Mallorca wird die Schönheit des Inselinneren stets etwas ungerecht beurteilt."

Oben, unten und rechte Seite: Wanderausflug zum Castell d'Alaró. Von der Burg auf dem gleichnamigen, bereits in der Talayot-Zeit besiedelten Berg sind nur noch Ruinen erhalten, aber die Lage und der Blick sorgen für eine zauberhafte Atmosphäre. Mitte: Schäferidyll in der – Mallorcas Zentrum markierenden, zwischen den Bergketten der Serra de Tramuntana im Nordwesten und den Serra de Llevant im Osten nur von kleineren Höhenzügen unterbrochenen – fruchtbaren Ebene Es Plà.

Bereits im Jahr 1306 wurde der Gemeinde Sineu von König Jaume II. das Marktrecht erteilt, und bis heute kommen die Bauern Woche für Woche aus der Umgebung, um hier ihre Waren feilzubieten.

Während des Markts herrscht überall in den Gassen von Sineu quirligstes Treiben. Auch Straßenmusiker beleben die Szenerie.

Südlich von Petra wartet die Nostra Senyora de Bonany (Unsere Liebe Frau vom Guten Jahr) auf Besucher. Errichtet wurde die Kapelle aus Dankbarkeit dafür, dass im „guten Jahr" (1609) eine lange Dürre zu Ende ging.

Special

Mittwochsmarkt in Sineu

Das große Gackern im Inselzentrum

Auf dem Mittwochsmarkt von Sineu werden neben Mandeln, Oliven, Würsten, Keramik und Korbflechtarbeiten auch Hühner, Gänse, Schafe und Ziegen verkauft. Das macht den Markt zu einem der schönsten auf der ganzen Insel.

Ab 8.00 Uhr morgens jeden Mittwoch steht Sineu Kopf. Dann ist die Altstadt unterhalb der Església de Santa María voller Verkaufsstände. Dutzende Händler haben ihre Tische in den Gässchen und auf den Treppchen aufgebaut. Auf den Auslagen türmen sich typisch mallorquinische Spezialitäten wie Mandeln, Oliven, Käse, Schinken und Würste, dazu Keramik, Körbe, Lederwaren, Gartenscheren und Sägen – alles, was man auf dem Land eben so zum alltäglichen Leben und Arbeiten braucht.

Die eigentliche Attraktion des Marktes aber sind die Käfige voller Küken, Hühner und Tauben, die die Händler in der kleinen Markthalle an der Plaça es Mercadal zur Schau stellen. In den mit Heu ausgelegten Stallungen gackern nicht nur Hühner aller Art wie Pita Pinta-Asturiana und Sussex, auch Hasen hoppeln durch die Ställe, Esel, Ziegen und Schafe werden zum Verkauf angeboten.

Übrigens: Der Markt von Sineu ist nicht nur einer der schönsten der ganzen Insel, sondern auch der einzige regelmäßige Viehmarkt Mallorcas.

Auf der Suche nach der verlorenen Zeit: Je länger man im Landesinneren unterwegs ist, desto mehr vergisst man, dass Mallorca eine Insel ist. Das beschauliche, gemächlich-ruhige Leben in den Dörfern erinnert an anderenorts schon lange vergangene Zeiten.

Rechts: Auch in Llucmajor (hier der zur Fußgängerzone erklärte Passeig de Jaume III) scheinen die Uhren noch langsamer zu gehen.

Unten: Das traditionelle Handwerk der mundgeblasenen Glaskunst hat auf Mallorca eine lange Tradition. Hier im Bild: die Glasbläserei Gordiola in Algaida, eine ältesten auf der Insel.

Llucmajor, die flächenmäßig größte Gemeinde Mallorcas, ist ein geschichtsträchtiger Ort: Am 23. Oktober 1349 schlug das Invasionsheer des Königs von Aragón, Pedro IV., die Truppen seines Vetters Jaume III., des letzten mallorquinischen Königs. Damit verlor Mallorca seine Unabhängigkeit.

Links: Das imposante Rathaus an der Plaça d'Espanya in Llucmajor wurde im Jahr 1882 errichtet.

Eine Institution in Llucmajor ist das stuckverzierte Café Colón an der Plaça d'Espanya.

Waren viele Dörfer noch vor 20 Jahren so gut wie ausgestorben, so kommt heute wieder Leben in die Altstadtgassen.

Wie man das Leben hier beurteilt, bleibt jedem selbst überlassen. Fest steht: Das überhitzte Amüsement der Platja de Palmas und der uniforme Pauschaltourismus von Alcúdia und Cala Millor sind hier meilenweit entfernt. Im Herzen Mallorcas geht das Leben noch einen gemächlichen Gang. Auch wenn sich vieles verändert hat: Waren viele Dörfer noch vor 20 Jahren so gut wie ausgestorben, weil die meisten jungen Leute nach Palma oder aufs spanische Festland abwanderten, so kommt heute mit dem Inseltourismus wieder einiges Leben in die Altstadtgassen.

Wein, Mandeln, Oliven und Fleisch

Ohne den Wein, die Mandeln und die Oliven, ohne das nach ökologischen Maßstäben gewonnene Fleisch wäre die mallorquinische Küche nicht das, was sie heute ist: In jedem besseren Restaurant auf der Insel – sei es in Palma, Andratx, Deià oder Pollença – legen die Köche Wert auf regionale, ohne Chemikalien angebaute Produkte aus dem Inselinneren. Ohne sie könnten diese Restaurants, könnte die Insel als solches kulinarisch nicht überleben. Umso schöner ist es, durch die einsamen Ebenen Zentralmallorcas zu fahren, dem Trubel der Playas zu entkommen und die riesigen Anbauflächen zu bestaunen.

Mallorquinische Idylle erlebt man vielerorts im Inselinneren: zum Beispiel an der Südflanke der Serra de Tramuntana, dort, wo gut geschützt vor dem böigen Nordwestwind *tramuntana*, der der Gebirgskette ihren Namen gab, die Dörfer Alaró, Orient, Selva und Campanet liegen. Man erlebt sie auch bei Binissalem, Consell und Inca, wo einige der besten Weine der Insel angebaut werden, oder in der Ebene Es Pla auf den Märkten und örtlichen Fiestas.

In charmanten Kleinstädten wie Sineu, Petra, Vilafranca de Bonany, Montüiri und Algaida geht es ruhiger zu als an den Küsten. Im Frühjahr blüht hier alles, im Sommer trifft man auf eine asketisch wirkende Landschaft, die ebenfalls ihre Reize hat.

Ungeschminkte Schönheit

Es sind verschlafene Orte, viele davon mit jahrhundertealten Häusern aus dem mallorquinischen Kalkstein Marès. Sa Pobla zum Beispiel: Diese 13 000-Seelen-Gemeinde hat außer der hübschen Pfarrkirche Sant Antoni Abat aus dem 17. Jahrhundert und einem beachtenswerten Museum für zeitgenössische Kunst keine besonderen Sehenswürdigkeiten – so wie viele Gemeinden in Mallorcas Inselinnerem. Dafür lockt sie mit ihrer natürlichen, ungeschminkten Schönheit. Sa Pobla ist

Das ehemalige Landgut Els Calderers bei Sant Joan ist bereits seit 1285 bezeugt. Das Hauptgebäude wurde um das Jahr 1750 umgebaut. Heute kann es als Freilichtmuseum besichtigt werden.

„Außerdem liebe ich Mallorca sehr. Ich fühle mich hier tief verwurzelt."

Joan Miró

berühmt für sein feines Gemüse – Artischocken, Mais, Tomaten, Zwiebeln, vor allem aber seine Kartoffeln. Am besten kaufen kann man die frischen Produkte auf dem Markt am Sonntagvormittag. Und was für einen Geschmack viele der hier geernteten Feldfrüchte haben!

Mandeln im Herbst

Aber auch Mallorcas Mandeln sind ein Gedicht. Erntezeit ist im Herbst. Dann gibt es die frische Ware überall auf den Märkten zu kaufen. Zwar hat sich die Anbaufläche binnen der vergangenen 15 Jahre von rund 30 000 Hektar auf etwa 15 000 Hektar verringert; zwar lassen viele Bauern ihre Mandeln wegen des Preisverfalls auch an den Bäumen hängen. Und doch sagen Kenner, dass Mallorcas Mandeln nach wie vor zu den besten der Welt gehören. Das liegt daran, dass es in der Mitte und im Süden Mallorcas verhältnismäßig wenig regnet. Dadurch ziehen Mandeln mehr Mineralien aus dem Boden und haben einen besonders kräftigen Geschmack.

Weinfest im Frühjahr

Die Erde Mallorcas schmeckt man nicht nur bei den köstlichen Mandeln, sondern auch beim nicht minder feinen Wein. Zentrum des Weinbaus sind die beiden Gemeinden Binissalem und Consell an der Straße von Palma nach Pollença. Dort liegen einige der besten Weingüter der Insel. Immer mehr Weinbauern bauen heute auch wieder autochthone mallorquinische Trauben an wie Gargollassa, Manto Negro und Prensal Blanc (DuMont-Thema S. 106 f.). Jedes Jahr im Frühjahr finden rund um Binissalem und Consell die „Wine days" statt. Neun Tage lang werden in verschiedenen Weinkellern einige der besten Weine Mallorcas vorgestellt und verkostet. Teilnehmer können auch Konzerte, Ausstellungen und Kunsthandwerksmärkte besuchen sowie die einheimische Küche genießen.

Wer wissen will, wie man anno dazumal (nach bis heute praktikablen Methoden) erntete, der sollte das Landgut Els Calderers an der Straße von Vilafranca de Bonany nach Sant Joan besuchen. Das schöne Herrenhaus stammt aus dem Jahr 1750. Seit 1993 sind hier Schätze aus der landwirtschaftlichen Vergangenheit der Insel ausgestellt, darunter Gerätschaften für die Feldarbeit, alte Weinpressen und Weinfässer. Noch immer wird auf dem Landgut Landwirtschaft betrieben. Die hausgemachten Spezialitäten wie Sobrassada-Wurst, Schinken, Käse, Marmelade und das feine Brot aus der hauseigenen Bäckerei werden auch im Hofladen direkt zum Verkauf angeboten – frischer geht es nicht.

Im Inneren des Landguts Els Calderers bekommt man einen guten Eindruck vom Leben des mallorquinischen Landadels.

Skateboardfreuden in den Gassen von Montuïri, einer der ältesten Gemeinden Mallorcas.

Die Plaça Major in Montuïri wird von der im 16. Jh. errichteten, im 18. Jh. restaurierten Pfarrkirche Sant Bartomeu mit ihrem fünfstöckigen Glockenturm überragt.

WEINBAU AUF MALLORCA

Poesie im Glas

Autochthone Rebsorten wie Gargollassa, Manto Negro und Prensal Blanc galten auf der Insel als kurz vor dem Aussterben – bis einheimische Winzer die Trauben wiederentdeckten, die bereits vor fast 2000 Jahren auf Mallorca angebaut wurden. Heute sind sie die Basis für einige der besten Weine der Insel.

Weinkeller in der Bodega José L. Ferrer in der Nähe von Binissalem.

Man muss kein Weinkenner sein, um zu sehen, dass das, was Araceli Servera Ribas ihren Gästen hier einschenkt, ein Gedicht ist. Der Wein perlt kirschfarben ins Glas. „Eine leichte Balsamnote, dazu Nuancen von Kakao und Lakritz mit Röstaromen vom Barrique-Fass", sagt die Winzerin und schwenkt eine Flasche Ribas de Cabrera. Zwölf Monate reift der Wein im Fass aus französischer Eiche, bis er seinen kräftigen Geschmack entwickelt. Der Wein aus der autochthonen Rebsorte Manto Negro wird mit 40 Prozent Shiraz und fünf Prozent Cabernet Sauvignon verschnitten. „Um ihn rund und vollkommen zu machen", wie Ribas sagt.

Ein Aushängeschild

Das Weingut Ribas in der Ortschaft Consell in Mallorcas Inselmitte ist nicht nur das älteste Weingut der Insel. Seit mehr als 300 Jahren werden hier Weine gekeltert. Bereits im Jahr 1711 begann Pedro Ribas de Cabrera, Vorfahre der heutigen Besitzer, mit dem Bau des Weinkellers. Die Bodega Ribas ist auch eines der Aushängeschilder für den Weinbau auf Mallorca. „Als ältestes Weingut Mallorcas fühlen wir uns quasi dazu verpflichtet, einheimische Weine anzubauen und zu fördern", sagt Araceli Ribas heute. „Daher enthalten unsere Weine stets einen großen Anteil an autochthonen Rebsorten wie die rote Manto-Negro-Traube und die weiße Prensal Blanc." Doch auch darauf legt Ribas Wert: „Wir verwenden zwar traditionelle Rebsorten, produzieren aber junge, moderne Weine."

In voller Blüte

Der Weinbau auf Mallorca hat bereits lange Tradition. Schon seit der römischen Besetzung im Jahre 123 v. Chr. wird auf der Insel Wein angebaut. Im Mittelalter erreichte die Produktion ihre volle Blüte. Zwischen den Jahren 1891 und 1895 beendete die Reblaus abrupt die Tradition, viele Weinbauern wanderten aus. Noch bis in die 1970er-Jahre bauten viele Mallorquiner statt Wein lieber Oliven, Mandeln, Obst, Feigen und Gemüse auf ihren Feldern an. Doch mit der wachsenden Nachfrage durch den zunehmenden Tourismus besann man sich neu. Im Jahr 1991 erhielten die Winzer um Binissalem als Erste das Recht, ihre Weine mit dem Siegel Denominación de Origen (D.O.) auszuzeichnen, 1999 folgten die Winzer von Plà i Llevant, der Region in der Mitte und im Osten um Petra, Manacor, Felantix und Porreres.

Heute boomt der Weinbau wie nie. Weingüter wie die Bodega von Araceli

Mallorquinische Brotzeit mit Oliven, Jamón Iberico und Mahón-Käse, dazu der leckere hauseigene Wein der Bodega Santa Catarina bei Andratx.

Diese und rechte Seite: Weinlese auf dem Weingut Ribas. In dieser Zeit fährt Araceli Ribas (im Bild unten links) jeden Morgen mit ihrer Önologin in den Weinberg und verkostet die Trauben, um festzustellen, wann der optimale Geschmack und Reifegrad erreicht ist. Danach legen sie fest, welche Parzellen des Weinbergs jeweils geerntet werden sollen.

Ausgewählte Weingüter

Die Bodega Ribas (Muntanya 2, E-07330 Consell, Tel. +34 9 71 62 26 73, www.bodegaribas.com) ist das älteste Weingut Mallorcas. Führung durch die Produktionsstätten mit drei verschiedenen Weinen zum Verkosten 15 €/Pers., mit Besuch der Weinfelder sowie Käse und Schinken 30 €.

Seit mehr als 80 Jahren ist die **Bodega José L. Ferrer** (Conquistador 103, Carretera Palma-Alcúdia, E-07350 Binissalem, Tel. +34 9 71 51 10 50, www.vinosferrer.com) in Familienbesitz. Führung über die Weinfelder inkl. Probe vier verschiedener Weine und Tapas ab 11 €/Pers.

Die neue Weinkultur Mallorcas kann man auch auf dem Weingut **Ca'n Vidalet** von Winzer Stefan Winterling bei Felanitx testen (Carretera Alcúdia-Pollença, Ma-2201 km 4,85, 07460 Pollença, Tel. +34 9 71 53 17 19, www.canvidalet.com). Das Terroir bietet eine exzellente Mischung aus kalkhaltigem Juragestein, Kalkmergel und Terra Fusca, die in Winterlings spritzig-fruchtigem Blancs des Blancs am besten zur Geltung kommt. Preise für Weinproben auf der Terrasse mit tollem Blick über die Weinfelder auf Anfrage.

Servera Ribas in Consell, das riesige Weingut von José L. Ferrer im unweit gelegenen Binissalem und Ca'n Vidalet von Winzer Stefan Winterling bei Felanitx besinnen sich seit einigen Jahren auf einheimische Trauben. Die klimatischen Bedingungen sind bestens geeignet, um Spitzenweine hervorzubringen, denn die kurzen, feuchten Winter und die langen, trockenen Sommer sorgen für ein perfektes Gedeihen der Reben.

So wie auf Can Ribas. Die durchlässigen Stein- und Kiesböden rund um Consell und Binissalem mit ihrer lockeren und sandhaltigen Zusammensetzung ermöglichen komplexe und elegante Weine mit fruchtigem Aroma.

„Der Unterschied zu den Weinen vom Festland ist, dass unsere Rebsorten durch die tiefroten, reifen Trauben gleichzeitig eine angenehme Wärme und große Frische erzeugen. Diese rührt vom Mittelmeerklima und von den mineralienreichen Böden der Insel her", sagt Ribas.

Größte Traubenvielfalt

Ribas muss es wissen, denn gemeinsam mit ihrem Bruder Xavier führt sie ihr Weingut nicht nur bereits in der 14. Generation, sie verfügt auch über die größte Traubenvielfalt aller Weingüter der Insel.

„Wir bauen nicht nur die bekannten mallorquinischen Trauben Manto Negro und Prensal Blanc an, sondern neben vielen anderen auch Callet und Gargollassa." Letztere ist eine ebenfalls auf Mallorca autochthone Sorte, die bereits so gut wie ausgestorben war.

„Auf der ganzen Insel gab es nur noch vier Weinstöcke", erläutert Ribas. „Heute haben allein wir 2800."

Aus dieser seit Jahrhunderten verarbeiteten Traube werden Weine von großer Frische und mittlerem Alkoholgehalt gekeltert, etwa vergleichbar mit Pinot Noir. Allerdings gilt auch hier: Wie die meisten mallorquinischen Rebsorten wird auch die rote Gargollassa-Traube in der Regel mit internationalen Sorten wie Shiraz und Cabernet Sauvignon verschnitten.

„Denn erst diese verleihen unseren Weinen die Struktur und Tiefe, die sie zu etwas ganz Besonderem machen", sagt Ribas.

CLH
AVIACION

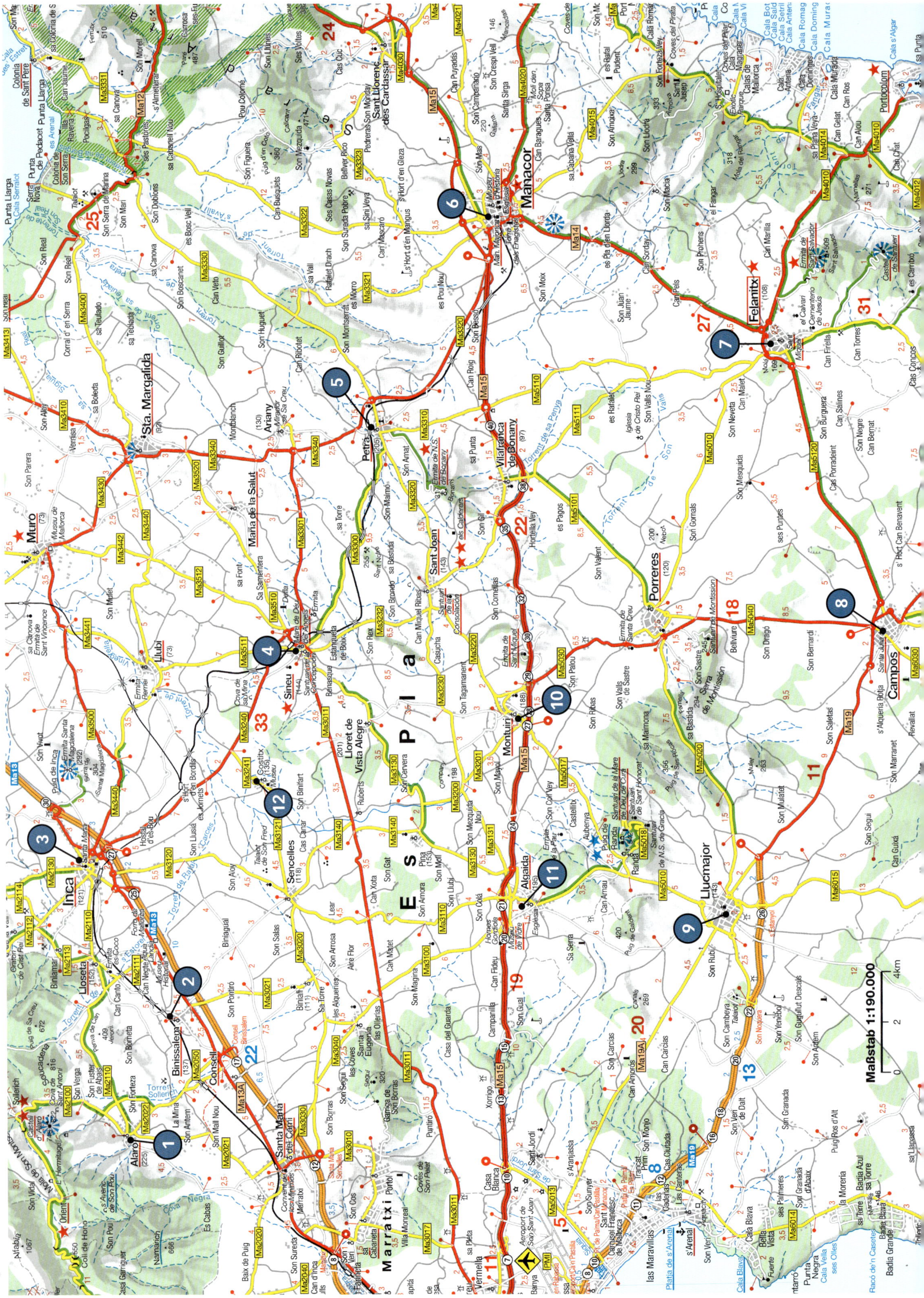

Maßstab 1:190.000
0 2 4km
Inca
Sineu
Petra
Manacor
Felanitx
Campos
Llucmajor
Algaida
Montuïri
Porreres
Sant Joan
Vilafranca de Bonany
Sta. Margalida
Muro
Llubí
Sencelles
Binissalem
Lloseta
Alaró
Consell
Santa Maria del Camí
Marratxí
Lloret de Vistalegre
Maria de la Salut
Ariany
Sant Llorenç des Cardassar
Portocolom
s'Arenal
Randa
Pina
Costitx
Santa Eugènia
Colònia de Sant Pere
E s P l a

Das „andere" Mallorca

Wer von der Küste ins Inselinnere fährt, trifft dort auf das „andere", das traditionellere Mallorca mit einsamen Höfen, weiten Mandel- und Olivenfeldern sowie Wiesen, auf denen der Klatschmohn blüht. Mallorcas Mitte zwischen der Serra de Tramuntana im Norden und der Serra de Llevant im Südosten ist bis heute vornehmlich landwirtschaftlich geprägt, Markt und Festtage strukturieren den ruhigen Dorfalltag.

1 Alaró

Die verschlafene Gemeinde an der südlichen Flanke der Serra de Tramuntana wird überragt von einer gewaltigen Burg. Während der Mandelblüte im Januar und Februar verwandeln sich die Landschaft rund um Alaró und die Nachbardörfer Selva und Campanet in ein einziges weißes Blütenmeer.

SEHENSWERT
Über das beschauliche Leben der 5400-Seelen-Gemeinde wacht die Kirche **Sant Bartomeu**, deren Grundmauern aus dem 13. und 14. Jh. stammen. In den engen Gassen rund um die Plaça de Ajuntament haben sich einige hübsche Cafés angesiedelt, die zum Verweilen einladen. Jeden Samstag findet hier ein schöner Wochenmarkt statt. Das **Castell d'Alaró** thront wie ein Adlerhorst auf dem 825 Meter hohen Puig de Alaró. Im Mittelalter war die als uneinnehmbar geltende Festung immer wieder ein Schauplatz der Kriege zwischen Mauren und Christen. Wallfahrtsziel ist die **Ermita de Nostra Senyora de Refugi** (1622). In der Festung gibt es auch eine einfache Herberge, die meist von Wanderern genutzt wird. Etwas unterhalb befindet sich das vor allem für seine exzellente *paletilla de cordero* (Lammschulter) geschätzte Ausflugslokal **Es Verger**.

UMGEBUNG
Wenige Kilometer nordwestl. liegt in einem malerischen Hochtal der Serra de Tramuntana eines der schönsten Dörfer Mallorcas: Rund um den Hauptplatz des Weilers **Orient** mit seiner Kirche aus dem 17. Jh. gruppieren sich hübsche Häuschen aus Naturstein und zahlreiche verwunschene Gässchen.

Tipp

Lecker & gut

In dem malerischen Örtchen Caimari (8 km nördl. von Inca am Fuße der Serra de Tramuntana) findet man eines der besten Restaurants der Insel. Im **€€€ Ca Na Toneta** kredenzen die Schwestern Maria und Teresa Solivellas feinste Inselprodukte. Der Inhalt der Speisekammer ändert sich nach den Jahreszeiten – im Gleichklang dazu variiert auch die Speisekarte ständig. Mit der einzigen Konstante: es schmeckt!

INFORMATION
Horitzó 21, E-07314 Caimari, Tel. +34 9 71 51 52 26, www.canatoneta.com

Anfang Oktober bringen die Bauern und Fincabesitzer säckeweise Oliven in die Ölmühle des Landguts S'Oliera de Son Catiu bei Inca, wo hervorragendes Olivenöl produziert wird.

2 Binissalem

Rund um die Ortschaft – Zentrum des Weinbaus auf Mallorca – liegen einige der bedeutendsten Bodegas der Insel.

SEHENSWERT
An der zentralen **Plaça de la Església** mit der Kirche **Nostra Senyora de Robines** (17. Jh.) steht ein Denkmal für die Winzer des Ortes.

FESTE
Am dritten Wochenende im September wird das Volksfest **Festa des Vesmar** groß gefeiert. Eröffnet wird das Fest mit der traditionellen Traubenschlacht. Ein weiterer Höhepunkt ist der Wettbewerb im Weintreten.

UMGEBUNG
Jeden Sonntagvormittag findet in Binissalems Nachbargemeinde **Consell** ab 8.30 Uhr ein Flohmarkt mit rund 300 Ständen statt.

3 Inca

Mit 32 000 Einwohnern ist Inca, das Zentrum der hiesigen Lederproduktion, nach Palma und Manacor die drittgrößte Stadt der Insel.

SEHENSWERT
In der Hauptkirche **Església de Santa María Major** ist ein im Jahr 1373 entstandenes riesiges Gemälde des mallorquinischen Künstlers Joan Daurer zu sehen. Einen Besuch lohnen auch das Franziskanerkloster **Claustre de Sant Francesc** und das Benediktinerkloster **Monestir de Sant Bartomeu**.

MUSEEN
Im **Schuh- und Ledermuseum** (Museu de Calçat i de la Pell, Avenida del General Luque 223, Tel. +34 9 71 55 77 52) sind historische Maschinen und Schuhe ausgestellt.

EINKAUFEN
Die meisten Besucher kommen wegen der großen **Outlet-Stores** nach Inca. Zu den größten gehören **Camper** (Carrer Quarter, Polígon Industrial d'Inca, www.camper.com) und **Lottusse** (Avinguda Raiguer 2, www.lottusse.com). Vielerorts zu kaufen gibt es die süßen, in Schmalz gebackenen Hefeschnecken *(Ensaïmada)*.

UMGEBUNG
In **Muro** (15 km nordöstl.) empfiehlt sich ein Besuch des Heimatmuseums (Museu Etnològic de Muro, Calle Major 5, Tel. +34 9 71 86 06 47). Wer sich ein Bild davon machen will wie die Olivenölherstellung funktioniert, fährt zum Landgut **S'Oliera de Son Catiu** (Carretera Inca-Llubí km 3,8, www.soncatiu.com). Dort kann man das erstklassige Olivenöl des Hauses auch kaufen und sich in einem kleinen Café leckeres *Pa amb oli* servieren lassen, geröstetes Bauernbrot mit Olivenöl und verschiedenen weiteren Zutaten.

Ora et labora – bete und arbeite: oben ein Traktor in Algaida, rechts eine Altarfigur im heute als Museum eingerichteten Geburtshaus des Missionars Juníper Serra in Petra.

4 Sineu

Die 3600-Einwohner-Gemeinde liegt ziemlich genau in der geografischen Inselmitte. König Jaume II. machte sie im 13. Jh. zu seiner Residenzstadt. Heute ist vor allem der jeden Mittwoch abgehaltene **Wochenmarkt in Sineu** TOPZIEL bekannt (s. Special S. 101).

SEHENSWERT

Wahrzeichen der Stadt ist die in ihrer heutigen Gestalt im Jahr 1505 errichtete Pfarrkirche **Església de Santa María**. Der Königspalast **Palau del Rei** Jaumes II. aus dem Jahr 1309 wurde 1583 in ein (bis heute aktives) Kloster umgewandelt.

HOTEL

Wer den Charme von Mallorcas Inselmitte erleben will, der ist in der Altstadt Sineus im €€€ **Hotel Son Cleda** (Plaça es Fossar,7, 07510 Sineu, Tel. +34 971 52 10 27, www.hotelsoncleda.com/de) bestens aufgehoben.

5 Petra

Auch im 3000-Einwohner-Örtchen Petra mit seinen unter Jaume I. schachbrettartig angelegten Straßen geht es beschaulich zu.

MUSEUM

An den berühmtesten Sohn der Stadt erinnern das Geburtshaus und Museum des 1988 von Papst Johannes Paul II. selig gesprochenen Missionars Juniper Serra (**Casa Natal i Museu Juniper Serra**, Calle Barracar, 6-8-10, E-07520 Petra, Tel. +34 9 71 56 11 49). Serra (1713–1784) wird in den USA u.a. auch als Gründer der Stadt San Francisco verehrt.

UMGEBUNG

Südwestlich von Petra liegt auf dem Puig de Bonany die Wallfahrtskirche **Santuari de la Mare de Déu de Bonany**, deren Ursprünge bis ins 17. Jh. zurückreichen. Dem Kloster angeschlossen ist auch eine einfache Herberge.

6 Manacor

Die zweitgrößte Stadt (41000 Einwohner) der Insel ist vor allem für ihre Kunstperlen bekannt.

EINKAUFEN

Perlen aus Manacor bekommt man heute überall auf ganz Mallorca. Die größte Vielfalt aber findet man dort, wo sie hergestellt werden: bei **Majorica** am Stadtrand von Manacor (Vía Palma 9, E-07500 Manacor, www.majorica.com).

UMGEBUNG

Vor den Toren der Stadt findet man bei km 7,5 an der Ma-15 nach Palma Reste der frühchristlichen Basilika **Son Peretó** (Bodenmosaiken im Museu d'História de Manacor).

7 Felanitx

Das von den Mauren gegründete Städtchen (18000 Einw.) erstreckt sich über vier Hügel und wird überragt von etlichen erhaltenen der früher 25 Windmühlentürme. In maurischer Zeit war Felanitx eine Hochburg der Herstellung von blauen Kacheln *(azulejos)*.

SEHENSWERT

Über einer imposanten Freitreppe erhebt sich die **Pfarrkirche Sant Miquel** (16. Jh.). Rund um die hinter der Kirche gelegene **Markthalle** wird sonntags der Wochenmarkt veranstaltet.

UMGEBUNG

8 km südöstl. von Felanitx erhebt sich in 509 m Höhe auf dem gleichnamigen, herrliche Rundumblicke ermöglichenden Berg das **Santuari de Sant Salvador** TOPZIEL. Die Klosterkirche aus dem 18. Jh. beherbergt eine schöne Marienfigur aus dem 13. Jh.; über allem thront ein 34 m hohes Kreuz mit riesiger Jesus-Statue. Wer will, kann in einer der ehemaligen Klosterzellen übernachten. Für Tagesausflügler gibt es ein einfaches Restaurant.

8 Campos

Das ruhige Bauernstädtchen (10500 Einw.), eine der Agrarhochburgen der Insel, liegt eine halbe Autostunde vom Trubel Palmas entfernt.

SEHENSWERT/MUSEUM

Die **Església Sant Julià** wurde 1858 im neoklassizistischen Stil erbaut. Im angeschlossenen **Pfarrmuseum** sind Gemälde aus dem 16. Jh. zu sehen.

RESTAURANT

In der umgebauten Mühle €€€€ **Moli de Vent** (Calle Norte 34, E-07630 Campos, Tel. +34 9 71 16 04 41, www.moli-de-vent.com) am Ortsrand von Campos kredenzen Patron Dirk Wendt und sein Team gehobene Cuisine.

HOTEL

Das Fincahotel €€€€ **Amapola** (Ruta Ciclo-turística de Campos km 2,8, E-07630 Campos, Tel. +34 9 71 65 02 44, www.finca-amapola.com) liegt auf einem 7 ha großen Anwesen mit Olivenbäumen und Palmen. Es gibt auch einen Pool.

9 Llucmajor

Herz der flächenmäßig größten Gemeinde Mallorcas ist die Plaça Major mit dem Café Colón. Markttage: Mi. und So., Trödelmarkt am Fr.

UMGEBUNG

Rund um den 549 m hohen Puig de Randa (6 km nordöstl.) liegen das 1440 gegründete **Santuari Nostra Senyora de Gràcia**, die 1449 von Ramon Llull gestiftete Kapelle **Nostra Senyora de Cura** und die **Ermita de Sant Honrat**. Auf dem Berg selbst hatte der Mystiker und Philosoph Ramon Llull im 13. Jh. Visionen.

10 Montuïri

Von dem idyllisch auf einem Hügel gelegenen Landstädtchen Montuïri reicht der Blick weit

Tipp

Glas blasen

Vor den Toren Algaidas steht ein mittelalterliches Gebäude, das ein bisschen an eine Burg erinnert. Dabei handelt es sich um die bis weit über die Grenzen des Ortes hinaus bekannte **Glasfabrik Gordiola**. Seit dem Jahr 1719 wird in diesem Familienbetrieb auf traditionelle Weise Glas hergestellt. Man kann den Handwerkern bei der Arbeit zusehen und auch etwas kaufen.

INFORMATION
Carretera Palma-Manacor km 19, www.gordiola.com

Tipp

Sterne gucken

Die Luft rund um ⑫ **Costitx** soll besonders klar sein, deswegen entstand hier das **Planetarium Observatori Astronòmic de Mallorca**. Die riesigen Teleskope stehen auf einem Hügel vor der Gemeinde an der Straße nach Sencelles. Besuch nur nach Anmeldung.

INFORMATION
Camí de Son Bernat 9,
E-07144 Costitx, www.mallorcaplanetarium.com

über die Ebene Es Pla. Bekannt ist die Gemeinde vor allem für ihre Windmühlen im Stadtteil Es Molinar (einige davon aus dem 16. Jh.).

UMGEBUNG
Zwischen Montuïri und Petra liegt an der Ma-3220 das Bauerndorf **Sant Joan**. Hier wird an jedem 1. Wochende im Okt. die **Festa des Butifarró** gefeiert, das über die Grenzen der Gemeinde hinaus bekannte Blutwurstfest.

⑪ Algaida

Die „Skyline" von Algaida beherrschen keine Hochhaustürme, sondern knapp 20 Windmühlen. Mallorquiner schätzen die Stadt mit ihrer hübschen Renaissancekirche Sant Pere i Sant Pau vor allem für ihre Ausflugslokale.

RESTAURANT
Im **€€ Ca'n Mateu** (Carretera Vieja de Manacor km 21,7, Tel. +34 9 71 66 50 36) kommen in urigem Ambiente exzellente traditionelle Gerichte wie gegrilltes Spanferkel und Lammschulter, aber auch ausgezeichnete Fischgerichte auf den Tisch.

HOTEL
Im Finca-Hotel **€€€ Raïms** (Carrer de la Ribera 24, E-07210 Algaida, Tel. +34 9 71 66 51 57, www.finca-raims.com), untergebracht in einem Landhaus von 1750, gruppieren sich um den malerischen Palmengarten zwei Suiten und vier Apartments; im Hof gibt es auch einen Swimming-Pool. Morgens servieren die Gastgeber Jutta und Thomas Philipps ein reichhaltiges Frühstücksbuffet.

Genießen Erleben Erfahren

DuMont Aktiv

Go for Golf

Mallorca gilt als eine der besten Golf-Destinationen Europas. Zurecht: 24 Golfplätze, ausgezeichnete klimatische Bedingungen und ein breitgefächertes Hotelangebot machen die Baleareninsel zu einem wahren Golf-Mekka.

Die meisten Plätze befinden sich im Westen der Insel. Aber auch der Osten hat für Golfer einiges zu bieten: etwa den berühmten Alcanada-Golfplatz in der Bucht von Alcúdia. Fairways und Greens der von Robert Trent Jones, Jr., gestalteten 18-Loch-Anlage säumen Pinien, Olivenbäume und Steineichen. Von vielen Löchern bietet sich ein grandioser Blick auf die Alcanada-Insel mit ihrem kleinen Leuchtturm.

Auch der Pula-Golfplatz bei Son Servera befindet sich im Osten der Insel. Er gilt als der anspruchsvollste Platz Mallorcas. 1995 von Francisco López Segalés angelegt, wurde der Platz später von José María Olazábal redesignt und war bereits mehrfach Austragungsort der PGA European Tour Championships Mallorca.

Eine wahre Legende ist der Arabella Son Vida-Golfplatz nur wenige Autominuten von Palma entfernt. 1964 als erste Anlage der Insel gegründet, wurde der Platz 2001 von Kurt Rossknecht völlig umgestaltet. Der (zwischen pompösen Villen in einer der besten Wohngegenden Mallorcas gelegene) 18-Loch-Platz ist mittelschwer zu spielen und bietet herrliche Blicke über die Bucht von Palma.

Weitere Informationen

Eine Übersicht über alle 24 Golfplätze der Insel mit Kurzbeschreibungen findet sich im Internet unter www.mallorcagolf.info.

Weitere Details zu den im Text erwähnten Plätzen: www.golf-alcanada.com, www.pulagolf.com, www.arabellagolfmallorca.com

Perfekte Fairways, herrliche Greens (und auch ein paar knifflige Sandbunker, versteht sich): Der Alcanada Golf Club in der Bucht von Alcúdia gehört zu den schönsten Golfplätzen Europas.

Die reizvollsten Restaurants mit Aussicht

Essen mit Meerblick

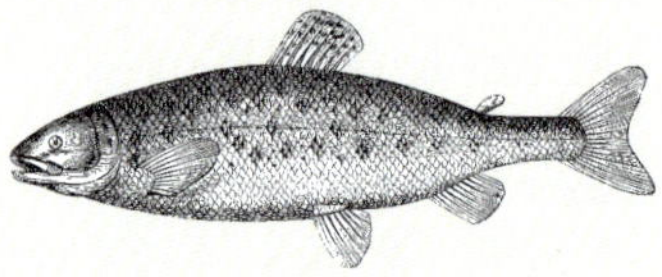

So schön es im Inselinneren auch ist, irgendwann will man zurück an die Küste. Und dann: frischer Fisch, ein Glas Wein und der Blick aufs Meer; wer wünscht sich das nicht? Mallorca hat viele Restaurants mit Aussicht – vom lässigen Beachclub bis zum abgelegenen Geheimtipp an der Felsküste der Serra de Tramuntana.

1 Nikki Beach Mallorca

Der Club liegt in Magaluf an einem der schönsten Strände Mallorcas – die Aussicht über den feinsandigen und strahlend weißen Beach ist grandios. Tagsüber fläzen die Gäste bei Lounge-Musik auf den weißen Plüsch-Sonnenliegen, abends dinieren sie im preisgekrönten Restaurant, in dem feinste Gerichte auf den Tisch kommen – von arabischen Mezze bis zum australischen Rib-eye-Steak, von Sushi bis Kaviar. Der Club ist von April bis Oktober geöffnet.

Av. Notari Alemany, 1, 07181 Magaluf, Tel. +34 971 12 39 62, www.nikkibeach.com/destinations/beach-clubs/mallorca/

2 Gran Tortuga

Ein toller Blick über die Bucht von Peguera und ausgezeichnetes Essen: Chefkoch Antonio Soriano und Maître Agustín Durán wissen, was ihre Kunden mögen. Schon seit 30 Jahren betreiben die beiden ihr Restaurant La Gran Tortuga (die „große Schildkröte") in der Wohnsiedlung Cala Fornells. Von der Küstenstraße geht man eine kleine Treppe herunter, dann eröffnet sich einem eine Terrasse mit atemberaubendem Blick. Auf der Karte des Restaurants stehen ausschließlich köstlich zubereitete mediterrane Speisen wie gegrillter Oktopus und marinierter Kabeljau mit Honig-Aioli. Hinzu kommt eine gute Auswahl spanischer Weine.

Carretera Cala Fornells 37, E-07160 Peguera, Tel. +34 9 71 68 60 23, www.lagrantortuga.net

3 Sa Foradada

Das Restaurant erreicht man nur mit dem Boot von Port de Sóller aus oder durch eine einstündige Wanderung von Son Marroig. Es liegt spektakulär auf der gleichnamigen Felshalbinsel. Von der Terrasse blickt man auf einen Felsen, in dem ein kreisrundes, 14 Meter großes Loch klafft. Darunter rauscht das Meer. Gastwirtin Lidia und ihr Mann Valentin servieren hier Paella und Fisch der Extraklasse.

Carretera Deià-Valdemossa km 6, Tel. +34 6 16 08 74 99

4 Restaurante D'alt des Coll

Das vom deutschen Ehepaar Annette und Frank Beck geführte Restaurant liegt spektakulär auf einem Pass an der Landstraße Ma-11 zwischen Bunyola und Sóller. Es bietet nicht nur exzellente mediterrane Küche mit frischen Zutaten, sondern auch ein grandioses Naturerlebnis mit traumhaftem Blick über die Sierra de Tramuntana. Allerdings hat das Lokal nur tagsüber von 11.00 bis 17.00 geöffnet. Vorher reservieren!

Carretera Palma-Sóller, Ma-11 km 22, 07110 Bunyola, Tel. +34 971 61 53 80

5 Hotel Atolon

Das Hotel liegt auf einer Landzunge am Passeig Maritim von Cala Bona. Das angeschlossene Restaurant ist nicht nur Hotelgästen zugänglich, sondern jedermann. Von der Terrasse bietet sich ein herrliches Panorama über Mallorcas Ostküste und auf das Mittelmeer. Auf den Tisch kommen solide Fleisch-, Fisch- und Nudelgerichte. Tipp: zum Sonnenauf- oder Sonnenuntergang hingehen.

Passeig Maritim 42, E-07560 Cala Bona, Tel. +34 9 71 58 54 33, www.hotelatolon.com

6 Pura Vida

Am südlichen Ortsausgang des im Südosten der Insel gelegenen (nicht mit der gleichnamigen Bucht am Cap de Formentor zu verwechselnden) idyllischen Fischerstädtchens Cala Figuera findet man hoch über dem Meer eine Terrasse mit fantastischer Aussicht: Ankommen, den Blick über Klippen und Meer schweifen lassen, relaxen und sich vom puren Leben einholen lassen – das ist Pura Vida. So beschreibt es das Restauraunt selbst, und in der Tat ist das Pura Vida der perfekte Ort, um die Seele baumeln zu lassen und das Leben zu genießen: ob schon zum Frühstück, am Mittag, wenn die Sonne am höchsten steht, oder abends, wenn der Mond eine silbern schimmernde Farbe aufs Meer zaubert. Serviert wird exzellente internationale Cuisine – von sommerlichen Salaten über gebackenen Ziegenkäse mit Feigensenf bis zum argentinischen Rindersteak.

Carrer Tomarinar 25, E-07659 Cala Figuera, Tel. +34 9 71 16 55 71, www.pura-vida-mallorca.com

7 Café Noah's

Das Noah's ist eines der Top-Aussichtslokale im Osten von Mallorca. Die Stühle, die Tische, die Sonnensegel: Alles ist hier in Weiß gehalten, so dass fast so eine gechillte Atmosphäre wie auf Ibiza aufkommt. Auf der Karte steht alles von Dim-Sum im Bambuskorb über Noah's Currywurst bis zum Holzfällersteak. Von der Terrasse bietet sich zudem eine tolle Aussicht auf den Hafen von Cala Rajada.

Avenida América 1–2, E-07590 Cala Rajada, Tel. +34 9 71 81 81 25, www.cafenoahs.es

Oben: Gargollassa-Weinrebe auf der Bodega Ferrer bei Binissalem. Rechts: Ricardo Suarez, der Chef im baskischen Restaurant La Gallega in Palma, legt höchstselbst Hand an. Darunter: Restaurants in der Altstadt von Alcúdia.

Service

Praktische Informationen für die Reise und einiges Wissenswerte über Mallorca, die „Königin der Balearen", haben wir hier für Sie zusammengetragen.

Anreise

Auto/Schiff: Wer mit dem eigenen Auto nach Mallorca fahren will, kann von Barcelona, Valencia und Dénia mit der Autofähre übersetzen. Die Fahrt dauert in der Regel etwa 7 Std. mit den großen Reedereien Baleària (www.balearia.com) und Trasmediterranea (www.trasmediterranea.es).
Flug: Selbst von kleineren deutschen Flughäfen gibt es regelmäßige Verbindungen mit dem Flughafen Sant Joan, dem einzigen internationalen Airport der Insel (8 km östl. von Palma). Direktverbindungen ab Deutschland, Österreich und der Schweiz bieten u.a. Condor (www.condor.com), Tuifly (www.tuifly.com) und Eurowings (www.eurowings.com) sowie Ryanair (www.ryanair.com), Easyjet (www.easyjet.com) und Norwegian (www.norwegian.com). Lufthansa (www.lufthansa.com) und Iberia (www.iberia.com) fliegen über Madrid nach Mallorca.

Apps

Für alle Informationen zu Flügen nach und von Mallorca eignet sich die App der spanischen Flughafenverwaltung **Aena Aeropuertos**. Die umfassende App **MobiPalma** weist den Weg zur nächsten Bushaltestelle genauso wie zur Fahrradvermietung. Gleichzeitig informiert sie über die Verkehrslage und die Belegung der Parkplätze. Für den Stadtrundgang eignet sich die App **Playa de Palma y Mallorca**. Über Sehenswürdigkeiten auf der ganzen Insel informiert die App **Tourias**. Und nicht zuletzt hilft die App **Sprechen & Übersetzen** bei eventuellen Verständigungsproblemen.

Auskunft/Internet

In Deutschland: Das spanische Fremdenverkehrsamt verfügt über vier Niederlassungen: *Turespaña Berlin*, Lichtensteinallee 1, D-10787 Berlin, Tel. 0 30 8 82 65 43, berlin@tourspain.es, www.spain.info und www.tourspain.es; *Turespaña Frankfurt*, Myliusstr. 14, D-60323 Frankfurt/Main, Tel. 0 69 72 50 33, frankfurt@tourspain.es; und *Turespaña München* (kein Publikumsverkehr), Schubertstr. 10, D-80336 München, Tel. 0 89 53 07 46-0, munich@tourspain.es.
In Österreich: Turespaña Wien, Walfischgasse 8, Tür 14, A-1010 Wien, Tel. +43 1 5 12 95 80-11, viena@tourspain.es
In der Schweiz: Seefeldstr. 19, CH-8008 Zürich, Tel. +41 44 2 53 60 50, zurich@tourspain.es
Foment del Turisme de Mallorca, Calle Constitució 1, E-07001 Palma de Mallorca, Tel. +34 9 71 72 53 96, info@fomentmallorca.org, www.fomentmallorca.org
Auf Mallorca: Consell de Mallorca (Inselrat O.I.T.), Plaça de la Reina 2, E-07012 Palma, Tel. +34 9 71 17 39 90, www.infomallorca.net
Im Internet: Informationen über die Inselhauptstadt finden sich auf der offiziellen Seite der Stadt Palma (www.palma.cat) und auf der Webseite des Instituts für Balearen-Tourismus (IBATUR, www.illesbalears.es).

Autofahren

Mietwagen: Mehr als 100 000 Leihautos rollen in Spitzenzeiten durch Palma, Sóller, Andratx & Co. Neben bekannten Marken wie Sixt, Hertz, Avis, Budget, Europcar und Alamo/National gibt es noch viele weitere wie Goldcar, Record, Hiper, BK Rent a Car und Marbenjo. Zur Anmietung braucht man Ausweis, Führerschein und Kreditkarte. Das Mindestalter ist oft 21 Jahre. Da die Konditionen vielfach variieren, empfiehlt es sich, auf die Vertragspunkte Deckungssumme, Freikilometer und Selbstbeteiligung zu achten. Wer auf Nummer sicher gehen will, bucht seinen Mietwagen über ein Portal wie www.billiger-mietwagen.de, in dem Dutzende Anbieter verglichen und die Preise und Leistungen transparent gegenübergestellt werden. Nützliche Tipps enthält zudem die zwölfseitige Broschüre „Per Mietauto durch Europa" des Europäischen Verbraucherzentrums (EVZ) in Kehl. Sie kann kostenlos unter www.evz.de heruntergeladen werden.
Verkehrsregeln: Auf Mallorca gelten weitgehend die gleichen Verkehrsregeln wie bei uns (Anschnallpflicht, Handyverbot, Promillegrenze 0,5, Höchstgeschwindigkeiten 50/90/120 (Innerorts, Landstraße, Autobahn), und sie werden genauso streng geahndet. Wer zu schnell fährt oder falsch parkt, riskiert eine hohe Geldbuße. Gelbe Randstreifen bedeuten Halteverbot, in blau markierten Zonen muss ein Parkschein gelöst werden.

Feiertage

1. Januar: Neujahr *(Cap d'any)*
6. Januar: Heilige drei Könige *(Els reis mags)*

In der Luxuskarosse zur Luxusjacht: Hafenszene in Portals Nous.

1. März: Nationalfeiertag der Balearen
März/April: Karfreitag *(Divendres sant)*
1. Mai: Tag der Arbeit *(Festa del traball)*
25. Juli: Tag des Heiligen Jakob *(Sant Jaume)*
15. August: Mariä Himmelfahrt *(L'assumpció)*
12. Oktober: Spanischer Nationalfeiertag (Entdeckung Amerikas, *Dia del Hispanitat*)
1. November: Allerheiligen *(Tots sants)*
6. Dezember: Tag der Verfassung *(Dia de la constitució)*
8. Dezember: Mariä Empfängnis *(La immaculada concepció)*
25./26. Dezember: Weihnachten *(Nadal)*

Geld

Bargeld lässt sich an Geldautomaten, Banken und Wechselstuben abheben (werktags 9.00 bis 14.00 Uhr).
Bargeldloses Einkaufen ist mit Kreditkarten meist problemlos. Auch in nahezu allen Hotels, Restaurants und Bars kann man problemlos mit Bank- oder Kreditkarte bargeldlos zahlen. Maestro-Karten funktionieren an fast jedem Automaten.
Zentraler Sperr-Notruf für Maestro-, Kredit- und Telefonkarten in Deutschland: Tel. +49 11 61 16, www.sperr-notruf.de

Gesundheit

Das Gesundheitssystem entspricht dem europäischen Standard. Die großen Krankenhäuser sind modern ausgestattet. Wer die **Europäische Krankenversicherungskarte** (EHIC) vorlegt, wird in allen staatlichen Krankenhäusern und von Kassenärzten kostenlos behandelt. In privaten Arztpraxen und Privatkliniken geht die Behandlung meist viel zügiger, in der Regel muss aber vor Ort erst einmal bar bezahlt werden. Sein Geld bekommt man dann in Deutschland unter Vorlage der Rechnung von der Krankenkasse zurück. In vielen kleineren Städten und Dörfern gibt es auch sogenannte *Centros de salud* (Gesundheitszentren).
Notruf/Ambulanz: 112
Staatliche Krankenhäuser: *Hospital Son Llàtzer*, Carretera de Mancor km 4, E-07198 Palma, Tel. +34 8 71 20 20 00, www.hsll.es *Hospital Manacor*, Carretera Manacor-Alcúdia s/n, E-07500 Manacor, Tel. +34 9 71 84 70 00, http://fundacion.hospitalmanacor.org
Privatkliniken: *Clinica Picasso 57*, Internationales Facharztzentrum, Avenida Picasso 57, E-07014 Palma de Mallorca, Tel. +34 9 71 22 06 66, www.clinica-picasso.eu; *Medicum Palma*, Carrer de la Unió 9, E-07001 Palma, +34 9 71 22 80 67, www.medicumpalma.com

Hotels

Die Bandbreite der Unterkünfte auf Mallorca ist enorm. Die Palette reicht vom smarten Stadthotel in Palma bis zum Urlaubsdomizil auf dem Bauernhof, von Finca-Ferien bis zum Fünf-Sterne-Haus mit Wellness-Oase. Genereller Trend: Mallorcas Hoteliers setzen immer mehr auf Qualität statt auf Quantität. Trotzdem gibt es auch immer noch preisgünstige gute Hotels. Konkrete Adressen und Empfehlungen finden Sie auf den Infoseiten der jeweiligen Kapitel.

Preiskategorien

€€€€	Doppelzimmer	über 200 €
€€€	Doppelzimmer	150–200 €
€€	Doppelzimmer	100–150 €
€	Doppelzimmer	50–100 €

Langzeitaufenhalte

Jeder EU-Ausländer, der länger als drei Monate am Stück in Spanien lebt, muss sich ins Ausländerregister *(Registro de Extranjeros)* eintragen lassen. Auf Mallorca geht das nur im Ausländeramt in Palma (Calle Ciudad de Querétaro

Info

Daten & Fakten

Landesnatur: Mit einer Fläche von 3640 km² und einer Küstenlinie von 556 km ist Mallorca die größte der vier Balearen-Inseln. Darauf bezieht sich auch der Name (*insula major*, später *Maiorica* = die größere/größte Insel). Von West nach Ost misst Mallorca etwa 110 km, von Nord nach Süd 80 km. Höchste Erhebung ist der Puig Major (1445 m). Er ist Teil der Serra Tramuntana, die sich im Nordwesten der Insel auf etwa 80 km Länge erstreckt. Im Osten Mallorcas erhebt sich die kleinere Serra de Llevant („Gebirge des Ostens"). Höchste Erhebung dort ist der Puig Morei (562 m) im Bergland von Artà. Zwischen diesen beiden Bergketten liegt die Ebene Es Pla. Einzelne Erhebungen wie der Klosterberg Puig de Randa unterbrechen die landwirtschaftlich intensiv genutzte Ebene. Den äußersten Nordosten bildet das wilde Cap de Formentor.
Klima: Auf Mallorca herrscht ein gemäßigtes mediterranes Klima. Die Winter sind mild und bringen ergiebige Niederschläge, in den Höhen der Serra de Tramuntana manchmal auch Schnee. Mandelblüte ist bereits Ende Januar. In diese Zeit fallen oft einige ausgesprochen warme Tage, die die Mallorquiner den „kleinen Sommer" nennen. Oft weht eine angenehme Brise. Zum Baden am besten geeignet ist die Zeit zwischen Mai und Oktober.
Bevölkerung: Auf Mallorca leben etwa 876 000 Menschen, rund ein Fünftel davon sind Ausländer. Etwa 70 000 Deutsche halten sich dauerhaft auf der Insel auf. Die größte Stadt ist Palma mit knapp über 400 000 Einwohnern, gefolgt von Manacor (rund 41 000) und Inca (rund 31 000). Drei Viertel aller Mallorquiner gehören der römisch-katholischen Kirche an. Mit 243 Einwohnern pro Quadratkilometer ist Mallorca die mit Abstand am dichtesten besiedelte Insel der Balearen (insg. rund 1,1 Mio. Einw.).
Politik: Mallorca gehört zur autonomen Region der Balearen. Das Landesparlament (Consell General) hat seinen Sitz in Palma und wird alle vier Jahre gewählt. Seit den Wahlen im Mai 2015, bei denen die konservative Partido Popular (PP) erdrutschartige Verluste hinnehmen musste, regiert auf den Balearen eine linke Dreierkoalition aus Sozialisten, dem Linksbündnis Més sowie der neuen Partei Podemos.
Sprache: Amtssprachen sind Katalanisch *(Catalán)* und Spanisch *(Castellano)*. Das auf der Insel gesprochene Mallorquinisch *(Mallorquí)*, unter Franco verboten, ist ein Dialekt des Katalanischen.
Wirtschaft: Rund 75 Prozent des mallorquinischen Wirtschaftsaufkommens werden im Dienstleistungssektor (hauptsächlich Tourismus) erwirtschaftet. Mallorca empfängt jährlich mehr als 13 Millionen Touristen, die meisten davon Deutsche, gefolgt von Briten und Spaniern. Mit zehn Prozent nimmt die Bauwirtschaft den zweiten Platz ein. Die Landwirtschaft trägt mit gerade mal 2,5 Prozent nur einen verhältnismäßig geringen Teil zur mallorquinischen Wirtschaft bei, vereint allerdings elf Prozent der Arbeitsplätze auf sich.

Oben: Fincahotel Ca's Xorc bei Deià. Unten: Hotel Bon Sol in Illetes.

Modernisme in Palma: Francesc Roca gestaltete die ersichtlich von Antoni Gaudí beeinflusste Fassade der Edifici Casasayas in Palma.

Info

Geschichte

6000–4000 v. Chr. Erste Siedlungsspuren. Funde in Höhlen bei Esporles, Sóller und Valldemossa.
1300 v. Chr. Beginn der Talayot-Kultur mit charakteristischen Steinbauten, z.B. Ses Païsses, Capocorb Vell.
123 v. Chr. Nach den Punischen Kriegen werden die Balearen von den Römern erobert. Danach kommt es zur allmählichen Christianisierung der Bevölkerung.
455–534 Vandalen besetzen die Insel.
534–902 Unter oströmischer Herrschaft.
902 Beginn der maurischen Herrschaft. Mallorca gehört zum Emirat von Córdoba.
1229 Jaume I. erobert die Balearen im Zuge der Reconquista (Rückeroberung).
1276–1349 Mallorca ist unabhängiges Königreich.
1349 In der Schlacht von Llucmayor fällt Mallorca an den König von Aragón.
15.–18. Jh. Nach Übergriffen von Piraten entsteht ein Netz von Verteidigungstürmen. Inquisition und Vertreibung der jüdischen Bevölkerung. Ab Ende des 18. Jahrhunderts wirtschaftlicher Aufschwung.
Ab 1833 Regelmäßiger Segelschiff-Linienverkehr zwischen Barcelona und Palma.
19. Jh. Politische Instabilität. Proklamation Amadeos zum König (1871), Zweite Republik (1873). Wiedereinsetzung der Bourbonen mit Alfons XII. (1874).
1936 Nach Staatsstreich durch General Franco besetzen seine Truppen die Insel. Diktatur bis 1975.
Ab 1960 Gezielte Förderung Mallorcas als Urlaubsziel.
1983 Autonomiestatus erlaubt die Wiederbelebung der Inselsprache Mallorquín.
1993 Versuch, den Bauboom in geregelte Bahnen zu lenken. Ein Drittel der Küstenregion wird unter Naturschutz gestellt.
2006 Besucherrekord: 9,8 Millionen Touristen besuchen die Insel. Neue Autobahnen werden gebaut. Korruptionsskandal in Andratx.
2007 Die konservative PP wird abgewählt. Neue Mitte-Links-Regierung.
2009 Anschläge der baskischen Terrorgruppe ETA in Palma de Mallorca.
2010 Mallorca feiert Chopins 200. Geburtstag mit einem Jubiläumsprogramm.
2011 Die Kulturlandschaft der Serra de Tramuntana wird UNESCO-Welterbe.
2015 Francina Armengol von der sozialdemokratisch ausgerichteten Partido Socialista Obrero Español (PSOE) wird als erste Frau Ministerpräsidentin der Balearen.
2016 Seit Ende 2016 heißt die Inselhauptstadt offiziell nicht mehr „Palma de Mallorca", sondern nur noch „Palma".
2017 Wegen der ständig wachsenden Touristenzahlen werden neue Gesetze für die Ferienhausvermietung auf der Insel erlassen.

s/n, E-07071 Palma, Tel. +34 9 71 98 91 70, http://extranjeros.mtin.es). Rat für Ausländer gibt es auch beim Informationsbüro für EU-Bürger in Palma (Ciudadanos Europeos, Plaça Cort 12, E-07001 Palma, Tel. +34 9 71 22 81 95, www.cebaleares.eu).

Märkte

Fast jeder Ort hat seinen eigenen **Wochenmarkt**. Zu den schönsten zählen der von Sineu am Mittwochvormittag samt Tiermarkt (siehe Special S. 101) und die Märkte von Alcúdia (Di. und So.), Andratx (Mi.), Pollença (So.) und Santanyí (Mi. u. Sa.). In Palma gibt es am Samstag einen großen Flohmarkt im Gewerbegebiet Son Fusteret und auf den Avenidas in Palma. Der älteste und bekannteste Flohmarkt der Insel ist der von Consell (So.).

Öffentliche Verkehrsmittel

Taxi: Taxis gibt es auf der ganzen Insel. Die Grundgebühr für eine Fahrt liegt in der Regel zwischen drei und vier Euro. Dazu kommen 0,75 Ct. pro gefahrenem Kilometer. Ein Taxi zum Flughafen kostet von Palmas Altstadt ab 18 €. *Taxiruf in Palma:* Tel. +34 9 71 40 14 14. *Weitere Informationen und Preisrechner:* www.taxitourmallorca.com und www.palmataxi.com.
Bus: Fast jedes Dorf ist mit maximal einer Umsteigeverbindung mit Palma verbunden. Der Busbahnhof von Palma liegt in der Calle Eusebi Estada, Busse ins Stadtgebiet von Palma fahren an der Plaça d'Espanya ab. Informationen zu den öffentlichen Verkehrsmitteln auf der Insel finden sich auf der Webseite des Consorci Transports Mallorca unter www.tib.org.
Zug: Von Palmas Plaça d'Espanya gibt es Zugverbindungen nach Sa Pobla und Manacor. Beide führen über Inca. Vom Bahnhof an der Plaça d'Espanya fährt auch der historische Zug Tren de Sóller ab (www.trendesoller.com).

Öffnungszeiten

Apotheken: Mo.–Sa. 9.30–13.00 und 16.00 bis 20.00 Uhr.
Banken: Mo.–Fr. 9.00–13.30 und Sa. 9.00 bis 13.00 Uhr.
Geschäfte: Mo.–Fr. 9.30–13.30 und 16.30 bis 20.00, Sa. 9.00–13.00 Uhr. Große Supermärkte haben durchgehend und oft auch am Sonntagvormittag geöffnet.
Restaurants: in der Regel 12.00–16.00 und 19.00–24.00 Uhr.

Post und Telefon

Post: Wer von Spanien aus einen Brief ins Ausland verschicken will, der geht entweder auf die Post *(correos)* oder in einen der vielen Tabakläden *(estanco)*. Dort gibt es auch Briefmar-

Info

Reisedaten

Flug von Deutschland: Mit Low-cost-Airlines wie Easyjet, Ryanair, Germanwings und Tuifly 120 € hin und zurück.
Inlandsverkehr: Einfaches Busticket innerhalb Palmas 1,50 €, von Palma nach Port d'Alcúdia 5,80 €. Einfache Zugfahrt Palma–Sóller 15 €, hin und zurück 21 €.
Reisepapiere: Personalausweis
Währung: Euro
Mietwagen: ab 25 € pro Tag (unbegrenzte Kilometer, inkl. Versicherung)
Benzin: 1 l Super (Gasolina 98) 1,46 €, 1 l Diesel (Gasóleo) 1,15 €
Hotels: Mittelklasse ab 100 €/DZ, gehobene Kategorie ab 150 €/DZ
Pension: ab 50 €/DZ
Menü: ab 20 € zzgl. Getränke
Einfaches Essen: Mittagsmenü ab 8 € zzgl. Getränke
Ortszeit: MEZ/MESZ

ken. Ein gewöhnlicher Brief oder eine Postkarte nach Deutschland kosten 0,75 €. Die Laufzeit beträgt fünf bis sieben Tage.
Telefonvorwahlen: Die Vorwahl von Spanien lautet 0034. Wer von Spanien ins Ausland telefonieren will, wählt 0049 für Deutschland, 0043 für Österreich bzw. 0041 für die Schweiz. Die erste „0" der Ortsvorwahl entfällt. Innerhalb Spaniens wählt man wie in Deutschland die Ortsvorwahl mit der ersten „0".

Restaurants

Preiskategorien

€€€€	Hauptspeisen	über 20	€
€€€	Hauptspeisen	15–20	€
€€	Hauptspeisen	10–15	€
€	Hauptspeisen	unter 10	€

Von der preisgünstigen Tapas-Bar bis zum Sterne-Restaurant gibt es auf der Insel alles. In fast allen Restaurants geht der Trend zur Verwendung regionaler, natürlicher Produkte. Die größte Auswahl bietet sich in der Inselhauptstadt Palma sowie in den Touristenzentren Port d'Andratx, Sóller, Pollença, Alcúdia, Cala Millor und Cala d'Or an der Küste. Aber auch in der Inselmitte finden sich exzellente mallorquinische Restaurants. Einen Überblick über die mallorquinische Küche mit Schwerpunkt Tapas finden Sie auf den Seiten 38 bis 41.
Konkrete Restaurantadressen und Empfehlungen finden Sie darüber hinaus in diesem Heft auf den Infoseiten der jeweiligen Kapitel.

Rundflüge

Mit einem **Heißluftballon** über die Insel zu schweben, ist ein ganz besonderes Erlebnis (Mallorca Balloons, Tel. 971818182, www.mallorcaballoons.com).
Helikopterflüge: *Balearic Helicopters*, www.balearic-heli copters.com, *Rotorflug*, www.rotorflug.com, beide am Flughafen Son Bonet.

Souvenirs

Typische Mitbringsel sind mallorquinische Ton- und Töpferwaren, die auf nahezu allen Märkten und in vielen Geschäften am Straßenrand angeboten werden. Sehr beliebt sind auch die Kunst von Traditionsunternehmen wie der Glasbläserei Gordiola (siehe S. 112) und die berühmten mallorquinischen Zuchtperlen von Anbietern wie Majorica (siehe S. 112). Exzellente Schuhe gibt es in Inca, dem Zentrum der Lederwarenindustrie (siehe S. 111). Wer an ein kulinarisches Mitbringsel denkt, für den gibt es überall ein reichhaltiges Angebot: von Olivenöl, eingelegten Oliven, Mandeln, Marmeladen, Käsen, Würsten, Salz, Wein, Likör und Brandy bis hin zum Gebäck *ensaïmada*.

Sport

Golfen: Mallorca verfügt über 24 Golfplätze der unterschiedlichsten Schwierigkeitsgrade (www.golf-mallorca.com; siehe auch DuMont-Aktiv S. 113).
Klettern: Gute Reviere finden sich etwa bei Alaró, Bunyola (Sa Gubia), Port de Pollença (Creveta).
Radfahren: Besonders im Frühjahr ist Mallorca das Trainingsgebiet zahlreicher semiprofessioneller und professioneller Radsportteams. Etwa die Hälfte des rund 1200 Kilometer langen Straßennetzes besteht aus fahrradtauglichen Straßen. Auch für Mountain-Biker gibt es viele gute Reviere. Ein Klassiker ist die *travessa*, die Überquerung der Serra de Tramuntana. Wer von Deutschland aus eine organisierte Radreise buchen will, der wendet sich z.B. an: Philipp's Bike Team, Salzufler Str. 88, D-33719 Bielefeld, Tel. 05 21 5 57 71 10, www.radsport-mallorca.de.
Reiten: Auf vielen Reiterhöfen kann man stunden- oder tageweise ein Pferd mieten. Oft kann man dort auch Kurse belegen oder an organisierten Touren teilnehmen. Reiterferien im Internet unter www.pferdreiter.de oder www.reiterreisen.com.
Segeln: Mallorcas 550 Kilometer lange Küste bietet für jeden Segler das passende Gewässer. Segelkurse gibt es zum Beispiel bei der Jachtschule Mallorca des Real Club Nautico in

S'Arenal de Sa Canova, ein langgezogener Sandstrand am Südostrand der Bucht von Alcúdia, ist ein Hotspot für Surfer.

Strandvergnügen an der Platja de Palma in der mallorquinischen Hauptstadt.

Info

Wetterdaten

	TAGES-TEMP. MAX.	TAGES-TEMP. MIN.	WASSER-TEMP.	TAGE MIT NIEDER-SCHLAG	SONNEN-STUNDEN PRO TAG
Januar	15°	7°	14°	6	5
Februar	15°	7°	13°	5	6
März	16°	7°	14°	6	6
April	19°	10°	15°	6	7
Mai	22°	13°	17°	4	9
Juni	26°	17°	20°	2	10
Juli	29°	20°	23°	1	11
August	29°	21°	25°	2	10
September	23°	15°	21°	7	7
Oktober	23°	14°	21°	6	6
November	19°	11°	18°	6	6
Dezember	15°	7°	15°	7	5

Andratx (Passeig de Son Mas 21, E-07150 Port d'Andratx, Tel. +34 9 71 23 64 82, http://yachtschulemallorca.com).

Surfen: Die besten Spots für Surfer sind die windigen Buchten an der Ostküste Mallorcas bei Pollença und in der Bucht von Alcúdia. Im Westen am besten geeignet ist die Gegend von Can Pastilla in der Bucht von Palma.

Tauchen: Derzeit gibt es rund 40 Tauchbasen. Die Bandbreite geht vom Kindertauchkurs über den Kurs zum „Open Water Diver" oder Tauchgängen zu versunkenen Schiffswracks. Besonders spektakulär sind die Reviere um die Dracheninsel Sa Dragonera und um den Cabrera-Archipel (siehe DuMont-Aktiv S. 95)

Tennis: Wer in seinem Hotel einen Tennisplatz vermisst, kann einen Court auf einer der zahlreichen öffentlichen Anlagen mieten. Infos im Internet: www.tennisboerse-mallorca.de.

Wandern: Ein Paradies für Wanderer ist das UNESCO-Welterbe Serra de Tramuntana (www.serradetramuntana.net); einer der beliebtesten Fernwanderwege der 150 km lange, von Andratx nach Pollença einmal der Länge nach über die Bergkette führende GR221.

Weitere schöne Wanderreviere finden sich in der Serra de Llevant bei Artà und im Landschaftsschutzgebiet Mondragó. Organisierte Wanderreisen auf Mallorca inklusive Flug und Hotel finden sich unter anderem in den Programmen von Wikinger Reisen (www.wikinger-reisen.de), DAV Summit Club (www.dav-summit-club.de), Studiosus (www.studiosus.com) und Gebeco (www.gebeco.de).

Wellness

Viele Hotels der Vier- und Fünfsterne-Kategorie bieten ihren Gästen heute erstklassige Spas, Wellness-Therapien und Schönheitsbehandlungen an, z.B. das Jumeirah Hotel & Spa in Port de Sóller und das Son Brull Hotel & Spa bei Pollença. Auch für diejenigen, die keine 200 Euro und mehr für eine Nacht ausgeben wollen, lohnt sich ein Anruf in diesen Hotels, denn viele der edlen Spas sind auch für Tagesgäste zugänglich.

Zoll

EU-Bürger innerhalb der Europäischen Union dürfen ihren Reisebedarf für den persönlichen Gebrauch zollfrei ein- und ausführen (z.B. 800 Zigaretten, 200 Zigarren, 110 l Bier, 90 l Wein, 10 l Schnaps, 10 kg Kaffee). Aber Achtung: Die genannten Reisefreigrenzen gelten nur für Waren, die Sie in einem Geschäft im EU-Land erworben haben (Rechnung aufbewahren!), nicht bei einem Einkauf im Travel Value-Laden am Flughafen. Dort gelten die Einfuhrbestimmungen und (geringere) Freimengen wie für Drittländer.

Wild, schön, romantisch: die Cala Sa Calobra im Nordwesten der Insel im UNESCO-Welterbe Serra de Tramuntana.

Register

Fette Ziffern verweisen auf Abbildungen

Impressum

2. Auflage 2018

Verlag: DuMont Reiseverlag, Postfach 3151, 73751 Ostfildern, Tel. 0711/4502-0, Fax 0711/4502-135, www.dumontreise.de
Geschäftsführer: Dr. Thomas Brinkmann, Dr. Stephanie Mair-Huydts
Programmleitung: Birgit Borowski
Redaktion: Achim Bourmer (Berlin)
Text: Fabian von Poser
Exklusiv-Fotografie: Frank Heuer
Zusätzliches Bildmaterial: Fabian von Poser DuMont-Aktiv S. 65 l.o., iStockphoto Vektorgrafiken S. 5 u. 45, 22, 65, 81, 90, 91, 95, 113, 114 S. 30 u. (Miró, Joan) © Successió Miró/VG Bild-Kunst, Bonn 2018 und S. 68 o. (Bennàssar, Dionis) © VG Bild-Kunst, Bonn 2018
Grafische Konzeption, Art Direktion, Layout: fpm factor product münchen
Cover Gestaltung: Neue Gestaltung, Berlin
Kartografie: © MAIRDUMONT GmbH & Co. KG, Ostfildern
Kartografie Lawall (Karten für „Unsere Favoriten")
DuMont Bildarchiv: Marco-Polo-Straße 1, 73760 Ostfildern, Tel. 0711/4502-266, Fax 0711/4502-1006, bildarchiv@mairdumont.com

Anzeigenvermarktung: MAIRDUMONT MEDIA, Tel. 0711/4502-0, Fax 0711/4502-1012, media@mairdumont.com, http://media.mairdumont.com
Vertrieb Zeitschriftenhandel: PARTNER Medienservices GmbH, Postfach 810420, 70521 Stuttgart, Tel. 0711/7252-212, Fax 0711/7252-320
Vertrieb Abonnement: Leserservice DuMont Bildatlas, Zenit Pressevertrieb GmbH, Postfach 810640, 70523 Stuttgart, Tel. 0711/7252-265, Fax 0711/7252-333, dumontreise@zenit-presse.de
Vertrieb Buchhandel und Einzelhefte: MAIRDUMONT GmbH & Co KG, Marco-Polo-Straße 1, 73760 Ostfildern, Tel. 0711/4502-0, Fax 0711/4502-340
Reproduktionen: PPP Pre Print Partner GmbH & Co. KG, Köln
Druck und buchbinderische Verarbeitung: NEEF + STUMME premium printing GmbH & Co. KG, Wittingen, Printed in Germany

FSC
www.fsc.org
MIX
Papier aus verantwortungsvollen Quellen
FSC® C001857

Tower Bridge: Wahrzeichen Londons und eine Brücke mit Eigenleben – sie bewegt sich!

Der Weg ist das Ziel. Das gilt für Wanderungen in den Dolomiten ganz besonders.

London

Das Erbe des Empire –
findet man in den Museen – allen voran im British Museum und im Victoria & Albert Museum. Die erlesenen Sammlungen sind einzigartig.

Shop till you drop
London gehört zu den Top-Mode-Städten. Neben den Boutiquen bekannter Designer gibt es eine Fülle origineller Läden, folgen Sie unseren Shoppingtipps.

Am besten leicht gekühlt ...
... nur nicht eiskalt! So mag der Brite das Bier. Und am liebsten trinkt er es in einem der altehrwürdigen Pubs der Hauptstadt.

Südtirol

Ein Land für Genießer
Eine hohe Dichte an Sternerestaurants zeichnet Südtirol genauso aus wie urige und einfache Almhütten. Wir halten viele gute Adressen für Sie bereit!

Die Natur macht's
Viele Wellness-Anwendungen gehen auf traditionelle Hausrezepte der bäuerlichen Bevölkerung zurück. Sei es beim Bad in Schafwolle, Almheu oder in Latschenkiefern.

Nicht nur für Gipfelstürmer
Die Palette an schönen Wanderungen ganz unterschiedlicher Schwierigkeitsgrade ist riesig!

www.dumontreise.de

Lieferbare Ausgaben

DEUTSCHLAND
119 Allgäu
092 Altmühltal
105 Bayerischer Wald
180 Berlin
162 Bodensee
175 Chiemgau, Berchtesgadener Land
013 Dresden, Sächsische Schweiz
152 Eifel, Aachen
157 Elbe und Weser, Bremen
168 Franken
020 Frankfurt, Rhein-Main
112 Freiburg, Basel, Colmar
028 Hamburg
026 Hannover zwischen Harz und Heide
042 Harz
023 Leipzig, Halle, Magdeburg
131 Lüneburger Heide, Wendland
188 Mecklenburgische Seen
038 Mecklenburg-Vorpommern
033 Mosel
190 München
047 Münsterland
015 Nordseeküste Schleswig-Holstein
006 Oberbayern
161 Odenwald, Heidelberg
035 Osnabrücker Land, Emsland
002 Ostfriesland, Oldenburger Land
164 Ostseeküste Mecklenburg-Vorpommern
154 Ostseeküste Schleswig-Holstein
201 Pfalz
040 Rhein zw. Köln und Mainz
185 Rhön
186 Rügen, Usedom, Hiddensee
137 Ruhrgebiet
149 Saarland
182 Sachsen
081 Sachsen-Anhalt
117 Sauerland, Siegerland
159 Schwarzwald Norden
045 Schwarzwald Süden
018 Spreewald, Lausitz
008 Stuttgart, Schwäbische Alb
141 Sylt, Amrum, Föhr
142 Teutoburger Wald
170 Thüringen
037 Weserbergland
173 Wiesbaden, Rheingau

BENELUX
156 Amsterdam
011 Flandern, Brüssel
179 Niederlande

FRANKREICH
177 Bretagne
021 Côte d'Azur
032 Elsass
009 Frankreich Süden Okzitanien
019 Korsika
071 Normandie
001 Paris
198 Provence

GROSSBRITANNIEN/IRLAND
187 Irland
202 London
189 Schottland
030 Südengland

ITALIEN/MALTA/KROATIEN
181 Apulien, Kalabrien
017 Gardasee, Trentino
110 Golf von Neapel, Kampanien
163 Istrien, Kvarner Bucht
128 Italien, Norden
005 Kroatische Adriaküste
167 Malta
155 Oberitalienische Seen
158 Piemont, Turin
014 Rom
165 Sardinien
003 Sizilien
203 Südtirol
039 Toskana
091 Venedig, Venetien

GRIECHENLAND/ ZYPERN/TÜRKEI
034 Istanbul
016 Kreta
176 Türkische Südküste, Antalya
148 Zypern

MITTEL- UND OSTEUROPA
104 Baltikum
094 Danzig, Ostsee, Masuren
169 Krakau, Breslau, Polen Süden
044 Prag
193 St. Petersburg

ÖSTERREICH/SCHWEIZ
192 Kärnten
004 Salzburger Land
196 Schweiz
144 Tirol
197 Wien

SPANIEN/PORTUGAL
043 Algarve
093 Andalusien
150 Barcelona
025 Gran Canaria, Fuerteventura, Lanzarote
172 Kanarische Inseln
199 Lissabon
124 Madeira
174 Mallorca
007 Spanien Norden, Jakobsweg
118 Teneriffa, La Palma, La Gomera , El Hierro

SKANDINAVIEN/NORDEUROPA
166 Dänemark
153 Hurtigruten
029 Island
200 Norwegen Norden
178 Norwegen Süden
151 Schweden Süden, Stockholm

LÄNDERÜBERGREIFENDE BÄNDE
123 Donau – Von der Quelle bis zur Mündung
112 Freiburg, Basel, Colmar

AUSSEREUROPÄISCHE ZIELE
183 Australien Osten, Sydney
109 Australien Süden, Westen
195 Costa Rica
024 Dubai, Abu Dhabi, VAE
160 Florida
036 Indien
027 Israel, Palästina
111 Kalifornien
031 Kanada Osten
191 Kanada Westen
171 Kuba
022 Namibia
194 Neuseeland
041 New York
184 Sri Lanka
048 Südafrika
012 Thailand
046 Vietnam